La hija del Ganges

La hija del Ganges

La historia de una adopción

Asha Miró

ATRIA BOOKS

New York   London   Toronto   Sydney

ATRIA BOOKS
1230 Avenue of the Americas
New York, NY 10020

ISBN-13: 978-0-7432-8674-9
ISBN-10:   0-7432-8674-X

Primera edición en rústica de Atria Books, junio 2006

10 9 8 7 6 5 4 3 2 1

ATRIA BOOKS es un sello editorial registrado de Simon & Schuster, Inc.

Impreso en los Estados Unidos de América

Para obtener información respecto a descuentos especiales en ventas al por mayor,
diríjase a *Simon & Schuster Special Sales* al 1-800-456-6798 o a la siguiente dirección
electronica: business@simonandschuster.com.

Índice

PRIMERA PARTE
LA HIJA DEL GANGES

1. Regreso a India   3

2. Bombay   19

3. Donde duermen cinco, duermen nueve   27

4. De las piedras, sacan panes   33

5. La escalera de caracol   45

6. Con las manos llenas   69

7. Mary   77

8. La puerta de atrás   85

9. Monos en la cara   97

10. Inyecciones y películas   105

11. Nasik   115

12. Regreso de India   133

SEGUNDA PARTE
LAS DOS CARAS DE LA LUNA

13. El segundo regreso a los orígenes   141

14. Cada cosa en su sitio   147

15. Redescubriendo Mumbai con otros ojos   161

16. Usha en la ciudad sagrada   171

17. Las hijas del Godavari   187

18. Sitabai y Sakubai   219

19. La historia de mi hermana Asha   239

20. La tierra queda atrás   259

Nota final dedicada a los protagonistas
    de esta historia   265

Glosario   267

Agradecimientos   273

Nota de la editorial

La presente edición de *La hija del Ganges* es la compilación de dos libros: *La hija del Ganges* y *Las dos caras de la luna,* ambos publicados originalmente en ediciones separadas.

A Sitabai Sansare. Ella fue quien me dio la vida.

A Radhu Ghoderao, por haber deseado esperanza para mí.

A mis hermanas Sakubai Jagtap y Asha Meherkhamb,
con todo mi amor.

A Francis Waghmare, por su gran ayuda.

A mis padres, Josep Miró y Electa Vega.

PRIMERA PARTE
LA HIJA DEL GANGES

1
REGRESO A INDIA

Seis y media de la mañana. Tal vez no haya dormido ni dos horas. De un salto paro el despertador y me meto en la ducha. Miro el desagüe para comprobar si se deslizan por él las imágenes soñadas, los nervios del viaje y el temor de hacer un alto en la vida que transcurre por pura inercia y afrontarla, ahora sí. Sin embargo, para una limpieza a fondo no basta con agua y jabón. Ha llegado el momento de volver atrás, de revivir los años de la infancia, de seguir adelante empezando por el principio. El momento de regresar a India.

Regreso a India porque allí nací el 7 de noviembre de 1967 y allí viví hasta los seis años, cuando me adoptaron los que hoy

3

son mis padres. Sé que mi primer llanto fue en Nasik, en el oeste del país; sé que mis primeros años de vida transcurrieron en un orfanato de Bombay y, con certeza, poco más. De ahí este retorno, para intentar resolver un gran número de interrogantes.

Los últimos días han significado un sinfín de despedidas y más de uno ha soltado la pregunta del millón: Asha, ¿seguro que estás preparada? Y cada vez, con el mismo gesto de autómata, he asentido con la cabeza, en silencio, para que no se entreviera ni un ápice del desasosiego que me reconcome. A quienes no puedo engañar —ni tan sólo lo intento— es a mis padres.

Ante el espejo del dormitorio me cepillo la larga melena negra y me pinto la raya de los ojos, también negra, como todas las mañanas. Me esperan muchas horas de viaje y quiero ir cómoda: escojo una falda larga de flores azules y blancas, una camiseta blanca y las sandalias viejas. La verdad es que elijo la falda más bonita que tengo porque quiero causar buena impresión al llegar a mi país. Mientras, voy haciendo un repaso mental de todo lo que llevo en la mochila: los pantalones más holgados y frescos; un montón de camisetas y braguitas para no delatar mi poco arte al hacer la colada; las otras sandalias, las de suela gruesa, para caminar lo que haga falta; el botiquín repleto de pastillas de nombres impronunciables que hay que tomar para no contraer la malaria y otras enfermedades... También la loción contra los mosquitos. En otra mochila, más pequeña, he metido la cámara de fotos, una libreta, bolígrafos, los pinceles y las pinturas, el pasaporte, el libro de vacunas y los dólares. Utilizaré la libreta para escribir un diario. No lo he hecho nunca, pero quiero anotar todo lo que me suceda, todas las sensaciones. Que no se me escape nada.

Me despido del piso, del balcón lleno de geranios y de las torres de la Sagrada Familia que sobresalen entre los edificios de enfrente. Durante todo este mes, Fátima me regará los geranios. Fátima es mi hermana. Ella también nació en India, pero en el otro extremo del país, y llegó con un año y medio a Barcelona, unos meses antes que yo. Somos hermanas a pesar de que no nos una el vínculo de unos padres biológicos, sino algo tanto o más indestructible: el afecto de unos padres que nos acogieron y nos han criado como hijas suyas. Ellos hicieron confluir el andar de cada una en un único camino, y de este modo hemos compartido la aventura de pertenecer a una misma familia.

Dentro de cuatro semanas, las torres no se habrán movido de sitio, alguno de los geranios estará mustio y de otros bro-

tarán nuevas flores, pero yo, seguramente, no seré la misma.
Algo en mi interior será distinto, tengo este presentimiento.

Veinte años después de aquel primer viaje —el que hice de
Bombay a Barcelona para empezar mi segunda vida—, me
encuentro en un avión que me llevará a encontrar las respuestas a un buen número de preguntas, a disipar la incertidumbre, a llenar los vacíos que esconden mi propia realidad.
Destino: Bombay.

Los motores se van calentando, el avión avanza, da las
primeras sacudidas y toma impulso para alzar el vuelo. De lo
más hondo de mí surge una plegaria ahora que estoy tan
cerca del cielo, tan cerca de aquel que me eligió y me ha
guiado hasta este preciso instante. Así es como lo siento.
Pido la fortaleza que me resultará imprescindible para su-
perar el reto al que debo hacer frente, el coraje para salir
adelante y llegar hasta el final sin desfallecer. Sólo así hallaré
la paz interior que tanto deseo y podré, por fin, dejar a un
lado las dudas que me asedian.

Bajo nuestros pies todo va empequeñeciendo, hasta repro-
ducir un dibujo puntillista de los que tanto me gustan. Todavía distingo los pináculos de las torres. Mi Barcelona vista

desde el cielo es tanto o más bonita, con la cuadrícula del Eixample perfectamente definida. La frondosidad de los árboles que jalonan la Rambla desciende hasta unirse con las olas, y azul y verde se funden en un único color que se va desdibujando como el resto de la silueta.

En esta butaca turquesa de un avión de Air India donde estoy hecha un manojo de nervios y preocupaciones, trato de recordar en qué podía pensar aquella niña que con seis años, casi siete, iba sentada en un asiento como este, haciendo el trayecto inverso para encontrar cobijo entre los brazos de una familia que hasta entonces no era más que un deseo y una fotografía en blanco y negro. Seguramente pasé esas largas horas haciendo garabatos en un bloc de dibujo con los lápices de colores que me debió de dar la azafata, tan elegante con su *sari* como la que ahora me trae el almuerzo.

❦ ❦

En casa siempre hemos hablado sobre mi país, la tierra que me vio nacer. Cuando en la tele había algún programa sobre India, nos sentábamos los cuatro en el sofá —mi padre, mi madre, Fátima y yo— y lo veíamos juntos. A menudo, a partir de un reportaje que nos abría una ventana a la belleza de sus paisajes y sus gentes o a la pobreza en la que se ven inmersos, hablábamos de nuestra infancia; de cómo habíamos llegado a Barcelona mi hermana y yo desde el mismo país en distintos momentos; de qué había supuesto para mis padres la adopción de dos niñas; de cómo habían superado todo el papeleo —primero redactaban en castellano la documentación que tenían que presentar y después encargaban la traducción al inglés—; de la mezcla de angustia y emoción que sentían durante los preparativos... Ahora pienso que fueron muy valientes, pues nos adoptaron a principios de los años setenta y en aquellos momentos su decisión no era lo más habitual. Debían de sentirse muy solos, sin poder compartir sus dudas con casi nadie, y también por ello los admiraré siempre. Las sesiones en el sofá eran la ocasión ideal para hablar de la adopción. Y resultaba sencillo, una faceta más de nuestra vida. Con la excusa de que éramos muy pequeñas cuando vinimos y de que no recordábamos con claridad el país de donde habíamos partido, la conversación siempre desembocaba en una promesa: cuando seamos mayores, iremos los cuatro. Para nosotras, ese viaje significaría volver a nuestra tierra, y para ellos, conocer esa tierra que les había dado a sus hijas.

Los años fueron transcurriendo y, por un motivo u otro, no había modo de encontrar el momento. Pero llegó un día en que yo me sentí preparada: quería volver a mi país. Ahora bien, para mí, tan importante como el retorno en sí, también era la manera en que haría ese viaje: no podía irme como una turista más. No me veía entrando en una agencia de viajes, hojeando catálogos de ofertas turísticas y escogiendo el que me ofreciera unos buenos hoteles y un recorrido prometedor. No se trataba de ir a India a visitar templos y majestuosos palacios, recorrer valles y montañas, y regatear para comprar unos recuerdos. No, no era eso. Conociendo la realidad de India, no me resignaba a quedarme de brazos cruzados viendo pasar el país ante mis ojos. Tenía que volver con las manos llenas, porque en mi segunda vida lo había recibido todo: una familia, unos amigos, una educación; en definitiva, una vida libre.

En mi interior un intenso sentimiento de pertenencia a la tierra se mezclaba con el de extrañeza. Esperaba aterrizar en un país que sería el espejo de mi persona, un país en el que ya no vivo por puro azar, porque de entre millones de niños el destino me señaló a mí. Fui la elegida y este privilegio, que siempre he tenido muy presente, ha sido una constante, un sentimiento muy vivo en todo momento que hace que a menudo me pregunte: ¿Y por qué yo? Como única respuesta recibo un silencio abrumador. El destino ha jugado a elegir y me siento como una pequeña pieza del puzle con la etiqueta de preferida. Y a menos que una sea del todo insensible, es una etiqueta que cuesta mucho de llevar. Durante todos estos años, cada vez que, por la calle o en un restaurante, me

he encontrado cara a cara con los ojos negros y penetrantes
de un compatriota que me quería vender una rosa, no he
sabido dónde meterme. He sido incapaz de mirarlo a los
ojos. Entonces es cuando el «¿por qué yo?» retumba con
más intensidad y el desasosiego se apodera de mí con más
fuerza.

El azar, una vez más, hizo llegar a mis manos un folleto de
una organización no gubernamental, Setem, que informaba
sobre el proyecto de un campo de trabajo en India. Y el
mismo azar hizo que de toda India, un inmenso país, el destino fuera Bombay, la ciudad donde se encontraba el orfanato que me acogió de los tres a los seis años. Además,
por si fuera poco, uno de los campos de trabajo de Setem
estaba en Nasik, la ciudad bañada por las sagradas aguas del
Godavari, donde abrí los ojos por primera vez. Mi sueño, en
bandeja de plata. Pero a mí jamás me había tocado nada en
un sorteo, así que rellené el formulario sin depositar demasiadas esperanzas. Al cabo de un par de meses recibí una
carta en la que me decían que había sido preseleccionada y
podía pasar para una entrevista. Mis planes se ponían en
marcha. Hasta entonces lo había llevado en secreto porque

estaba convencida de que no surtiría efecto, no quería marear a mis padres y vivía sola aquella angustia. Sólo contaba con la complicidad de mi compañero, que me apoyaba en todo. Pero una vez pasada la entrevista y tras haberme confirmado la participación en el campo de trabajo, había llegado el momento de contarlo en casa.

Mis padres, sentados en el sofá, y yo, en un taburete a ras de suelo: la escena que se repetía cuando debíamos decirnos algo realmente importante. Y lo solté de golpe, inquieta pero ilusionada, pendiente de cada uno de sus gestos, de sus reacciones. Necesitaba que aquellos ojos que me miraban algo desconcertados me dieran su bendición y me transmitieran que en la distancia estarían a mi lado. Su hija se iba a India, y ¡sola!

Mis padres siempre lo habían considerado un proyecto de toda la familia, no querían ni pensar que a mí se me podía despertar el gusanillo, que tomaría la iniciativa sin su protección. En realidad, mi decisión no los cogía por sorpresa. En su interior sabían que seguiría mi camino, que tenía que conocer la tierra que me había dado una piel morena, pero la conciencia no les había permitido articularlo en palabras, por si se hacía realidad. A pesar de mis temores, era muy consciente de la aventura en la que me embarcaba. Tendría que ser muy fuerte para llenar el vacío de aquellos siete años que habían quedado atrás.

Todo eran preguntas y más preguntas, planteadas a una velocidad que no me permitía responder. De repente me encontré en medio de mis padres y nos abrazamos. Entre la fortaleza de los brazos de mi padre y la serenidad de los de mi madre me sentía segura, como tantas veces me había sentido a lo largo de los años. En los brazos de mi padre había jugado al juego preferido de todo niño, tocar aunque fuera con la punta de los dedos un cielo infinito imaginario. Él no lo sabe, pero todavía hoy, cuando nadie me ve, desde el balcón levanto los brazos hacia el cielo de mi querida ciudad y pido a las gaviotas que vuelen que sean por un instante la prolongación de mis propias manos.

En los brazos de mi madre había aprendido las leyes que rigen el corazón y el alma. Amar, ofrecer consuelo, llorar por el propio dolor y por el ajeno, apaciguar el odio dejando fluir siempre lo mejor de uno mismo. Los dos en la misma medida no escatimaron jamás ni una pizca de esfuerzo para darnos, tanto a mi hermana como a mí, todo lo que necesitábamos. Y con creces. Ellos no nos han dado la vida, pero sí nos han proporcionado su esencia y, con el mismo esmero con que el alfarero modela el barro, nos han modelado como personas.

Me estremece la importancia desmedida que tanta gente da al hecho de ser sangre de la propia sangre. Sí, es muy importante, pero también lo es, y mucho, todo lo que viene después, todo lo que mis padres me han dado, una herencia que va más allá de la sangre.

Mis padres sufrían por mí, les angustiaba pensar que no estarían conmigo para echarme una mano, para acariciarme cuando me invadiera la tristeza, para ayudarme a entender lo que me iba a encontrar. Al mismo tiempo se dieron cuenta de que mi proceso de maduración había concluido, de que todo lo que ellos me habían dado me había formado como persona y que, por lo tanto, estaba preparada para afrontar esta prueba. Para ellos siempre sería su niña, pero ahora comprendían que ya era mayor.

Aquel abrazo representaba la bendición para seguir adelante en mi camino de búsqueda; ellos me daban la energía y la fuerza, el arrojo y el coraje para llegar hasta el final. Tenía la seguridad de que, pasara lo que pasara, estarían conmigo de forma incondicional, del mismo modo que lo estuvieron un 27 de octubre, muchos años atrás, cuando me esperaban en el aeropuerto de Barcelona, al pie del avión, con gran incertidumbre. También entonces sellamos con un emotivo abrazo el amor que nos ha guiado hasta el día de hoy.

Quedan muchas horas de vuelo hasta aterrizar en Bombay, pero me acompaña el diario que mi madre empezó a escribir días antes de mi llegada a Barcelona para ser su hija para siempre. El día que les comuniqué que regresaría a India, mi madre fue a su dormitorio y sacó una libreta de la cómoda. Por primera vez me contó que cuando yo llegué a su vida, empezó a escribir un diario. Uno para mí y otro para Fátima. Los ha escrito a lo largo de estos años para que tuviéramos un testimonio de cómo había sucedido todo. Temía que si un día la memoria le fallaba no nos lo pudiera explicar con todo lujo de detalles.

Con el diario, mi madre me estaba proporcionando unas herramientas que me servirían para amortiguar el dolor que podía sobrevenir. En él está mi historia. No se trata de un relato que esconda grandes secretos reveladores, porque en casa nunca ha habido secretos, pero sí describe episodios muy íntimos. Los primeros días, meses e incluso años, mi madre escribía todos los días, aunque fueran unas pocas líneas. Recogió anécdotas cotidianas, el día a día de nuestra existencia, nuestra adaptación a la nueva casa, una nueva familia, el idioma, las comidas, las costumbres...

Al hojearlo por primera vez, se me ha hecho aún más patente el cariño que sentían por mí incluso antes de conocerme; sólo tenían noticias de mí por las cartas de la madre Adelina del orfanato y por una fotografía que estuvo sobre el mueble del comedor días y días. Me conmueve saber que me hayan deseado tanto, que me hayan querido y que hayan invertido todo tipo de esfuerzos para llevarme a su casa. Comprendo que mi historia tiene un sentido. Como siempre, como el país del que procedo, todo son contrastes. Por un lado, unos padres que han pasado por alto los vínculos de la sangre y que han deseado hacerme feliz desde el primer momento, desde el momento en que pronunciaron mi nombre. Y por otro, la tristeza que siento al pensar en aquellos padres que no me quisieron: les debía de suponer un estorbo. También es verdad que a medida que me he ido haciendo mayor he intentado que la sensación de haber sido rechazada no me oprimiera. Así, pensaba que debió existir un porqué, unas circunstancias adversas que desconozco. No puedo creer que no me quisieran, sino que no pudieron hacerse cargo de mí. Alguna razón tiene que haber.

Lunes, 21 de octubre de 1974
Hoy he ido a comprar esta libreta de tapas rojas en
la que escribiré los detalles de todos y cada uno de
los momentos de esta historia de cariño que está a

*punto de empezar contigo, nuestra hija Asha. Tam-
bién he comprado una para Fátima, nuestra hija pequeña, que ya hace casi cuatro meses que vive en
casa y ha llenado nuestras vidas. Así, cuando seáis
mayores y me falle la memoria, podréis saber cómo
vivimos vuestra llegada a casa tanto vuestro padre
como yo.*

*Te esperamos, querida Asha, con una ilusión
desmedida. Nos han anunciado que llegarás el
próximo domingo, día 27 de octubre de 1974, a las
once de la mañana.*

*Podría haber empezado este diario contándote los
meses que llevamos volviéndonos locos con el papeleo, los trámites, las gestiones y las traducciones...
Sería muy largo de explicar. Por eso tu padre y yo
hemos ido guardando toda la documentación de
vuestra adopción. Hemos pasado por mil y una
situaciones inverosímiles, pero ahora realmente
parece que haya pasado ya mucho tiempo. En estos
últimos meses nos han cuestionado infinidad de
veces por qué os habíamos ido a buscar tan lejos...
y yo me reía por dentro porque hay cosas que no se
pueden explicar con palabras.*

*Todos teníamos la certeza, y conforme pasa el
tiempo lo veo aún más claro, de que en un momento*

*determinado nuestras vidas, cuatro almas proce-
dentes de lugares totalmente distintos, se fusio-
narían para siempre.*

　*Sé que es una de las historias que te tendré que
contar más veces, porque dentro de poco serás parte
implicada. Tu padre y yo deseábamos tener unos
hijos que la naturaleza no nos podía dar, y vosotras
dos pedíais a gritos unos padres porque os los habían
arrebatado de vuestras respectivas historias. Y ahora
acaba esta página para iniciar otra totalmente nueva
tanto para vosotras como para nosotros.*

2
BOMBAY

Después de cruzar medio mundo en unas horas, llegamos a Bombay —Mumbai, la puerta de India—, la ciudad de mis primeros años de infancia. Dejando a un lado las inquietudes que conlleva el camino personal, que nadie puede recorrer por mí, me reconforta el hecho de que exista una gran sintonía de deseos y objetivos con los que serán mis compañeros en el campo de trabajo. Por encima de todo queremos sentirnos útiles, dejar atrás el lastre de una vida cotidiana, a menudo tan superficial, para sentirnos renacer en la persona de un nuevo ser, con los cinco sentidos ávidos de recibir y de dar. El aeropuerto es un espacio inmenso, desangelado, con unos fluorescentes que apenas iluminan. Al pisar este suelo, intento remontarme veinte años atrás y el único recuerdo que soy capaz de evocar es la puerta de cristal. Es una fotografía medio borrosa que he llevado en algún bolsillo durante

19

todos estos años: salgo yo con seis añitos, de punta en
blanco, colgada de la mano de una azafata que cumple el encargo de llevarme hacia otra vida, y la madre Adelina me
dice adiós con la mano. También aparece en la foto, pero no
la veo porque sólo miro hacia delante. Sólo tengo ojos para
seguir el camino que me marca el corredor que me conduce
hacia Barcelona. No pienso en volverme para despedirme
por última vez. Al atravesar el umbral de aquella puerta de
cristal fue cuando tuve la certeza de que para mí empezaba
una nueva vida. Recuerdo que en mi interior sentía un
cosquilleo extraño, una mezcla explosiva de pesar y alegría.
Me había sido otorgado el don de vivir más de una vida.
Como una reencarnación sin cambiar de cuerpo.

Martes, 22 de octubre de 1974
Durante estos días que aún faltan estamos buscando
desesperadamente un colegio para ti, para que
cuando llegues te vayas incorporando a la normali-
dad del día a día. Tu padre, como podrás comprobar
más adelante, es un manitas y le gusta ser meticu-
loso en los detalles. Ha hecho unas tarjetas de co-
lores para mandarlas a los amigos y familiares, y
hacerles partícipes de tu llegada y también de tu
«nacimiento» en nuestra familia. ¡No podemos
ocultar tanta alegría!

Salimos al exterior. El cielo plomizo nos aplasta, el calor nos deja aturdidos y aceptamos como podemos el maravilloso recibimiento que nos han preparado los de la ONG. Nos obsequian con guirnaldas de flores y un cartel de bienvenida. Nos apiñamos junto a las mochilas y los paquetes de material en un minibús que nos va a llevar a la casa donde nos albergarán hasta que nos distribuyan por grupos para ir a convivir con familias del país. Hacemos el trayecto mudos, los tonos grises y el bochorno del ambiente nos han calado hasta los huesos y nos preguntamos qué hacemos aquí. Yo sé que no puedo desfallecer, me he impuesto un reto, pero cuando veo el vuelo amenazador de un cuervo que pasa rozando el vehículo, sinceramente, me dan ganas de huir.

Cruzamos la ciudad y desde los cristales de las ventanillas nos azota la pobreza, las ratas que corren por la calle... El choque de sensaciones es tan desgarrador que no somos capaces de descifrar el mensaje que se nos transmite. Todo está impregnado de una concepción de la vida y la muerte como sucesión, como un círculo. Nada tiene la desmedida importancia que nosotros le atribuimos. Se trata de la vida entendida como un paso más, porque después habrá otra si se sigue el camino correcto en relación con uno mismo y con los demás sin esperar nada a cambio. Ver que salen adelante sin hundirse a cada paso me tiene que ayudar a relativizar muchas cosas. No será fácil porque una cosa es la teoría y otra, la práctica. A todos nos invade la perplejidad. Los compañeros están pendientes de mí, me llega su ansia protectora. Me van preguntando si estoy bien y yo voy diciendo que sí, que sí. No las tengo todas conmigo, pero no quiero preocuparlos. Observo a la gente de las calles y me resulta extraño pensar que esta es mi tierra; no entiendo cómo pude haber nacido aquí y haber pasado en esta ciudad casi siete años de mi vida. El torbellino de pensamientos en que se mezclan presente, pasado y futuro me impide admitir que de alguna manera formo parte de este pueblo. La evocación del pasado me lleva a imaginar cuál habría sido mi futuro de haber seguido con la vida iniciada aquí. El presente que me ha tocado vivir y el no saber enfrentarme a todo lo que me rodea en este momento me hacen pensar una vez más en la suerte que he tenido al haber sido elegida. Los olores son tan penetrantes... De vez en cuando desde un jardín llega un aroma delicioso, pero enseguida vuelve un hedor que no se sabe de dónde procede. Tengo el corazón en un puño.

Miércoles, 23 de octubre de 1974
La alegría del día ha sido que, por medio de una
amiga que trabaja en el aeropuerto, hemos con-
seguido un pase para entrar directamente a las pistas
de aterrizaje. Así podremos esperarte al pie del
avión y acogerte, abrazarte, en tu/nuestra nueva fa-

milia. Y entonces habrá terminado esta espera que
ha durado meses, se acabará la sensación de angus-
tia por no tener noticias tuyas más que por carta o
en cortas llamadas telefónicas con las monjas. Por
fin tendremos a nuestra Asha en casa. Doy gracias a
Dios porque todo se va asentando y lo que parecía
imposible se va haciendo realidad.

Hace un par de días que he llegado y me cuesta adaptarme, a veces no puedo evitar hundirme y pienso que no sé si lo voy a conseguir. Uno de los peores momentos es a la hora de comer. No negaré que soy algo especial con la comida, pero es que aquí no me entra nada, todo me da asco. Los guisos que nos ponen son demasiado picantes y temo que me sienten mal. Estoy desanimada pues, al no comer, no recupero energías. Después de cenar, subimos un rato a la azotea. El bochorno es persistente y desde aquí el panorama no es precisamente de postal. El cielo gris, el mar, al fondo, es de un gris aún más denso, las casas medio derrumbadas de los alrededores, el barro y los charcos que dejan los aguaceros.

Aunque cuento con el apoyo de los compañeros, que conocen mis miedos, el proceso de adaptación se me hace muy cuesta arriba. Pero no he venido aquí para contemplar India desde la azotea de esta fortaleza, así que me armo de valor y me dirijo a la sala donde el padre Jordi Ribas nos

dará una charla. Tengo muchas ganas de conocerlo por todo
lo que me han comentado sobre él. Es una persona muy
carismática y al mismo tiempo desprende una profunda sencillez. En un tono muy asequible y siempre a partir de la
propia experiencia, el padre Jordi nos habla de una India
que aún no he logrado ver, de un pueblo lleno de inquietudes, que busca lo que desea, de un pueblo lleno de vida.
Nos transmite una reflexión sobre lo que realmente tiene
valor de lo que nos rodea, de cómo, aunque todo sea pobreza, lo que nos va a enriquecer será ahondar en la esencia
de las personas, porque al conocerlas valoraremos las piezas
que constituyen su vida. Nos recuerda la importancia de
mirar para integrar, no para juzgar, porque nunca debemos
atrevernos a juzgar a un hermano hasta que hayamos calzado
sus zapatos durante dos lunas. No deja de subrayarnos la
idea de andar con los ojos bien abiertos para captar el exterior y de este modo llegar al interior. Hay dolor, pero no
amargura.

Sus palabras nos abren una ventana desde la que estudia-
mos el entorno con una nueva mirada. Ha dado un vuelco a
nuestros planteamientos y ha conseguido que nos despren-
damos del lastre que arrastramos y puede entorpecernos en
el reconocimiento de la armonía que hay en todo, en cada
persona, en cada gesto. En primer lugar, fuera relojes. Todos
necesitamos cambiar el chip.

Para mí empieza un nuevo reto: percibir India tal como es; dejando a un lado los absurdos prejuicios e intentando no ver obstáculos en lo más inmediato —los olores, el calor, la comida... —, me siento dispuesta a tratar de entender esa otra India, con unas vidas en cuyo trasfondo hay una filosofía, una realidad. Necesitaba este empujón y ha llegado en el momento oportuno porque ahora es cuando empieza de verdad el viaje de aprendizaje.

Jueves, 24 de octubre de 1974
Asha, hija, ¡qué día tan feliz! Gracias a un querido amigo, Pau, hemos conseguido que puedas ir a un colegio precioso. Tu padre y yo llevamos días ron-dando por Barcelona de colegio en colegio. Nos hemos desesperado un poco porque todos ponían im-pedimentos.

Como todos los padres, deseamos que te adaptes lo antes posible y que lleves la misma vida que los niños y las niñas de tu edad. No sabemos cómo lo vas a encajar todo... será duro tanto para ti como para nosotros, pero confiamos en que también ten-drá su lado hermoso, porque aprenderemos a cami-nar juntos.

3

DONDE DUERMEN CINCO,
DUERMEN NUEVE

A María, que es la coordinadora del campo de trabajo, a Núria, a Gabriela y a mí nos ha tocado ir a vivir al barrio de Shere Prujab. Nos alojamos en casa de una familia que nos recibe con los brazos abiertos. No sé quién siente más curiosidad, si ellos o nosotras. Nadina nos da la bienvenida. Tiene doce años y, como habla inglés muy bien, es la encargada de las presentaciones. Su padre, Naresh, trabaja de taxista. Parece un hombre muy tranquilo, de pocas palabras, y transmite una gran serenidad. Más tarde llegan la hija mayor, Nanda, que tiene dieciocho años, y la pequeña Ibuthi, que tiene cinco y está tan alborotada por la novedad que hace remolinos alrededor de su madre, Kamal. Todos hablan inglés. Así pues, podremos comunicarnos sin problemas. Pero no pueden disimular las caras de sorpresa al verme. María les explica mi historia en cuatro palabras y me miran con una sonrisa llena de afecto y de complicidad que me hace sentir muy bien.

El piso es una caja de cerillas. Un televisor siempre en marcha preside el comedor, de cuyas paredes cuelgan todos los elementos decorativos imaginables. En fraternal convivencia aparecen calendarios de grandes hojas con dibujos de vivos colores típicamente indios y estampitas de la Virgen. Aquí duermen los padres y la pequeña. Hacen vida en la cocina. En el suelo hay una piedra donde la madre amasa los *chapati*s y, en un rincón, un altar dedicado a Ganesh, por quien quema el incienso.

Ganesh es el dios elefante. Se le representa como un hombre con una gran barriga y cabeza de elefante, y se le invoca para resolver los problemas y obstáculos que se presentan en la vida cotidiana. También se le considera el mensajero entre los hombres y los dioses. Según el mito, Ganesh era hijo de Shiva y Parvati. Shiva tuvo que abandonar el hogar cuando Ganesh era un recién nacido y a su vuelta al cabo de los años se encontró con un desconocido que le cerraba el paso a su propia casa. Shiva, impaciente por reencontrarse con su esposa y su hijo, cortó la cabeza al vigilante. Parvati rompió a llorar ante semejante tragedia, porque el vigilante no era otro que Ganesh, ya adulto. Shiva se apresuró a remediarlo: cortó la cabeza de un elefante, la colocó sobre el cuerpo de su hijo y prometió a su esposa que Ganesh sería un gran dios porque los hombres deberían invocarle a él primero si querían ser escuchados por los otros dioses. La familia que nos acoge le invoca con serena convicción.

Descargamos las mochilas en la habitación en la que dormiremos nosotras cuatro, con Nadina y Nanda. El dormitorio es minúsculo. De debajo de la cama sacamos unos colchones y, una vez colocados, Nanda nos acompaña a conocer el barrio.

Shere Prujab es un barrio humilde, con muchos contrastes. Para unos ojos occidentales no parece muy armonioso, pero ahora que me he propuesto empezar desde cero, que he querido deshacerme de reglas estéticas anquilosadas, me llega una belleza que tiene su propio y peculiar sentido. Al anochecer, las calles se llenan de vida: los puestos de fruta son una delicia, los de especias, el olor del incienso, las telas teñidas de infinidad de colores, los hombres fumando sus *bidi*s en la plaza. El tiempo discurre sin prisa.

Mahakali es la calle principal, nos servirá como referencia, y Nanda nos muestra el recorrido que tendremos que hacer por la mañana para tomar el autobús que nos llevará al campo de trabajo, un colegio en Andheri.

De vuelta a casa, la familia nos obsequia con la que va a ser nuestra primera cena genuinamente india, con todo su ritual. En el suelo, sobre un mosaico de alfombras y cojines, hay *chapatis*, arroz y lentejas.

La comida es muy picante, pero por primera vez desde que estoy aquí la encuentro rica de verdad. Por fin he logrado zampármelo todo sin manías; ahora bien, hay que hacer bastantes equilibrios, porque se come sólo con la mano derecha, aunque salgo bien parada, mucho mejor que mis compañeras. Cuando llegué a Barcelona, a mi madre le hacía mucha gracia mi destreza al comer con las manos. Tal vez esa habilidad se había quedado en algún rincón y ahora ha asomado.

Después de cenar ayudamos a las niñas a hacer los deberes con el sonsonete de fondo de la película india de la tele, un drama lacrimoso de esos que duran más de tres horas, con las dosis preceptivas de romanticismo ramplón, música estridente y escenas de violencia.

Cuando nos acostamos, las seis amontonadas entre la cama y los colchones en el suelo, canto una nana. Ha sido un momento mágico, como una plegaria. Llevo dentro la música y no lo puedo evitar. Ya en silencio, mi mente se ha puesto a repasar y reflexionar sobre lo que he hecho durante el día. Siempre lo hago, todas las noches. Sin embargo, en esta ocasión aparecen demasiadas emociones y también demasiado sueño. Se me cierran los párpados indefectiblemente. Mañana ya habrá tiempo para pensar.

Sábado, 26 de octubre de 1974

A falta de un día para tu llegada, Asha, hija, tanto tu padre como yo estamos muy inquietos. Te escribo pasada la una de la madrugada.

Me he levantado porque no paraba de dar vueltas en la cama sin poder pegar ojo. Sólo pienso en ti, y un montón de preguntas se agolpan en mi mente. Sé que en este preciso instante ya debes de estar en el avión. Sufro porque no puedo estar contigo, por si te mareas o te encuentras mal. Es tu primer viaje y no estás acostumbrada a las alturas. Me pregunto cómo te sientes; tal vez te encuentres sola, pero no te preocupes porque será la última vez, ya que a partir de ahora nos tendrás a nosotros y a tu hermana Fátima.

4

DE LAS PIEDRAS, SACAN PANES

Al amanecer nos despierta el tintineo de las campanillas de Naresh. Reza sus oraciones, enciende una barrita de incienso y en el umbral de la puerta, con un polvillo blanquecino, dibuja unas flores, cada día un motivo diferente.

El padre es tímido y no habla mucho; la madre es más parlanchina y ya me trata como a una más de sus hijas. Me enseña a amasar los *chapati*s, pero yo demuestro ser bastante patosa. En Barcelona no me sale ni un huevo frito... La reunión de tantas mujeres en un espacio tan minúsculo hace que se inunde de alegría y de risas. Desayunamos *chapati*s con mermelada y una mezcla de té con leche y azúcar, y más azúcar. Las chicas visten su uniforme de colegio inglés. Se las ve unas señoritas muy elegantes, con los trajes tan bien planchados y tan repeinadas; lo que más sorprende es que vayan tan arregladas y descalzas. Nosotras nos preparamos para nues-

tro primer día de trabajo. Kamal nos ha hecho la comida y
Gabriela la reparte en unas fiambreras. Todo listo para ir al
campo de trabajo: el colegio de Jeevan Nirwaha Niketan
(JNN).

Para no perdernos, seguimos las instrucciones que ayer
nos dio Nanda y encontramos la parada a la primera.
Tomamos un autobús lleno de críos que nos lleva al JNN, en
el barrio de Andheri. Es un tipo de escuela no formal, no
sigue las programaciones estatales. Allí acuden niños y niñas
que se pasan la mitad del día trabajando y después dedican
unas horas al colegio. Estos niños suelen ser el alma de una
familia con graves problemas económicos, donde a menudo
sufren los estragos que provoca el alcoholismo del padre.
Las madres ya tienen bastante con sacar adelante un montón
de hijos y estos son los que llevan el dinero a casa. Limpian
zapatos, cargan paquetes, lavan coches, cualquier trabajo
que les permita sobrevivir. El objetivo de estos centros es
que alcancen los conocimientos básicos para salir adelante:
aprenden a sumar y restar para que no los estafen, adquieren
nociones de inglés para poder establecer contacto con el turismo, aprenden los aspectos más esenciales de su entorno y
también se les enseña un oficio. Son muy responsables y son
conscientes de que lo que se les enseña les puede resultar de
gran utilidad. Además, tiene un efecto inmediato en sus tareas laborales.

La escuela está en medio de un frondoso jardín, rebosante de árboles y plantas que dejan al otro lado del muro la miseria que ahoga la ciudad. Es un espacio privilegiado que fue cedido por las vecinas monjas del convento de Santa Catalina. Cuando los niños se inscriben en la escuela, se les hace una prueba de conocimientos para asignarlos a una u otra clase. De este modo, en una misma aula hay niños muy pequeños al lado de otros mayores. Antes de ir a clase, se colocan en perfectas hileras en el patio, recién peinados, para cantar el himno de India y rezar las oraciones. Del más chico al mayor mantienen un orden estricto y lo impregnan todo de una gran solemnidad. Cuando se rompen las filas, se forma un barullo de críos, griterío, risas, saltos y empujones para ir cada uno al aula que le toca.

Los niños van al colegio muy motivados, son todo ojos y oídos abiertos al mundo. Sin embargo, este marco idílico se desvanece cuando vemos la realidad tal cual y constatamos la falta de material con que tienen que trabajar los maestros. No hay dinero y cualquier iniciativa que se quiere llevar a cabo supone una conquista. El profesorado está desencantado, cansado de luchar, y ha perdido la motivación y la energía.

Mi vocación de maestra viene de lejos, ya de pequeña. Iba al colegio de Santa Ana en Barcelona y allí todos los alumnos formábamos parte activa del proyecto educativo. A mediodía me quedaba a comer y lo que más me gustaba era encargarme de los pequeños, contarles cuentos y ponerlos a dormir la siesta. Siempre supe que quería ser maestra. De mayor, además de pasármelo muy bien con los pequeños, de enriquecerme día a día, de volver a casa con nuevas experiencias que me dan vitalidad para estar siempre al pie del cañón, he sido capaz de distinguir los verdaderos motivos que me han llevado a esta profesión: en ella converge todo lo que he recibido de mi entorno. Si yo soy el resultado de la dedicación de mis padres, de las enseñanzas que he recibido, del apoyo de los que han estado a mi lado, no podía quedarme para mí sola ese tesoro, tenía que dar para recibir de nuevo, entrar en la rueda del continuo intercambio por medio del papel que ejerce el educador.

Llega el momento de arremangarse y ponerse a trabajar con los niños del barrio de Andheri. Noel, el director, es mi guía en la escuela y me acompaña al aula que me ha tocado, donde enseñaré inglés. Mi inglés no es tan fluido como para dar clases, pero no me rindo y hago una versión de una canción infantil catalana sobre las partes del cuerpo; me han contado que estos últimos días las han estudiado. La escenificamos todos juntos y nos sale bastante bien. No puedo decir que mis intentos por enseñar algo de inglés a esta pandilla de ojos curiosos que no acaban de entender si soy de allá o de acullá sean un éxito.

Voy cargada de buenas intenciones, quiero colaborar como sea, pero no encuentro mi sitio hasta que decido ir al taller de carpintería. El encargado del taller es Thomas. Entro como un torbellino y le desmonto su sistema. Sin tener en cuenta el programa que está siguiendo y sin pensar en las consecuencias, me salto el protocolo y su método pausado y propongo que los niños construyan unos marcos de madera para poner fotos. Dicho y hecho. Sin embargo, las cosas no son tan simples. Todo se tiene que hacer manualmente, casi no hay herramientas. Con los pocos medios de que disponemos, pero con grandes dosis de ilusión, acaban haciendo los marcos. El resultado es muy gratificante. En el colegio de Barcelona donde trabajo, contamos con muchas facilidades y no las apreciamos, los niños no valoran todo lo que tienen a su disposición. En cambio, estos celebran hasta el detalle más insignificante. ¡Me quedaría aquí!

Por lo que respecta al idioma, siempre he oído decir que está demostrado que cuando has hablado una lengua, sobre todo de pequeño, nunca la pierdes del todo. A raíz de ello, pensaba que al volver a oír el maratí, reconocería palabras, estructuras... vaya, que tal vez incluso podría hablarlo. Pero mis expectativas no se han cumplido. ¡Qué decepción! En el colegio se hace un turno de clases en hindi y otro en maratí, que es la lengua que, según me han contado, hablaba yo en el orfanato, la lengua en que pensaba cuando llegué a Barcelona. Y la verdad es que no entiendo ni jota ni en maratí ni en hindi. Asisto a las clases de maratí y, por más que me esfuerzo y me concentro en despertar algún rincón de la memoria, nada de nada. No me suena ni por asomo. Mejor será que me lo tome como un juego, como un nuevo aprendizaje, y decido empezar de cero. De entrada, los niños y las niñas no comprenden que, siendo india como ellos, no los entienda y no sepa hablar en su idioma, pero enseguida se animan y entre todos me enseñan el vocabulario básico. Uno a uno me van diciendo sus nombres, los colores, cómo se dice todo lo que tenemos a la vista: árbol, cielo, flor, casa, libro, sol, nube. Entre su inglés macarrónico y mi maratí incipiente, la clase es una olla de grillos.

También se supone que, aparte de hablar maratí, en el colegio del orfanato tenía que haber aprendido inglés, pero como me escapaba para el paseo diario con la madre Adelina, casi no pisé la clase de inglés. Mis padres me esperaban en Barcelona y no estaban al corriente de mis prematuros novillos en la escuela, así que dedicaron grandes esfuerzos a aprender inglés para comunicarse conmigo cuando llegara el momento. Unos meses antes de mi llegada contrataron a una profesora de inglés, con la que estudiaban en la mesa del comedor. Eran unas clases particulares enfocadas a aprender lo que les podría resultar más práctico. Mi madre, tan sufridora, quería ser capaz de preguntarme qué comidas me gustaban, qué me dolía, quería poder decirme que me quería mucho. Los dos estudiaron con ahínco y fue totalmente en vano. Como bienvenida, adornaron el piso, y mi padre, el mañoso de la familia, diccionario en ristre y traduciendo palabra por palabra, dibujó un cartel donde se podía leer: WELCOME TO HOME, ASHA. Yo, emocionada por estrenar unos padres, una hermana, una casa, una cama para mí, todo de golpe en un solo día, no hice ni caso del cartel. En el camino del aeropuerto a casa, mis padres me hablaban en inglés y yo iba a mi aire parloteando como una cotorra en maratí. Suerte del poder de las miradas, de los gestos y las

caricias. Yo tenía de sobra con las demostraciones de cariño.
Siempre hay un lenguaje universal que se salta todas las fron-
teras y con el cual se establece una comunicación tan fluida o
más que con las palabras del diccionario. En el trayecto en
coche quedó muy claro que no sabía inglés. Y al llegar a casa
y comprobar mi indiferencia ante el cartel de bienvenida, se
añadió la evidencia de que no sabía ni leer.

Domingo, 27 de octubre de 1974
Asha, querida hija, hoy llegas a Barcelona. Estamos
tan nerviosos que hemos ido al aeropuerto con
mucha antelación. Menos mal que somos previsores,
porque el avión ha aterrizado media hora antes del
horario anunciado: exactamente a las 10:20.
Después de pasar un montón de controles de se-
guridad, los tres, acompañados por nuestra amiga
azafata, hemos cruzado la pista de aterrizaje.
Cuando el avión se ha detenido y han acercado la es-
calerilla, nos hemos plantado delante, a la espera de
verte bajar. El encuentro contigo ha sido muy emo-
cionante. En cuanto han abierto la puerta, has
aparecido tú saltando ágilmente por la escalerilla.
Tan pequeñita. Bajabas alegre, con una sonrisa de
oreja a oreja y, nada más pisar tierra firme, te has
echado a nuestros brazos. Eres una monada, nos has

llenado de besos, y a Fátima también, no te mues-
tras extraña a nada. En el coche, de camino a la que
a partir de ahora será tu casa, se te veía contenta y
repetías con voz muy dulce las palabras que íbamos
diciendo. Tu padre, Fátima y yo te contemplamos
admirados... Te vemos tan feliz que todos los miedos
que teníamos se han desvanecido. Me parece que te
hemos gustado y la escena real del encuentro que
tantas veces había imaginado ha superado de largo
mis expectativas. ¡Qué alegría!

En cuanto has entrado en casa, te has quitado los
zapatos. Deben de ser nuevos y seguro que te due-
len. Además, por lo que parece, no estás acostum-
brada a llevarlos. Ante todas estas novedades, la
pequeña Fátima se ha quedado muy parada. Cuando
te ha visto bajar del avión y cómo te abrazábamos y
besábamos, no sabía qué hacer. Y eso que hace días
que le hablo de ti... De entrada ha puesto morros,
pero el mal humor se le ha ido pasando, sobre todo
cuando tú, Asha, le has llenado de caramelos los
bolsillos del pantalón. Además, la has enamorado
del todo cuando le has regalado la muñeca; la ha
cogido y no la ha soltado en todo el rato. Supongo
que poco a poco se irá haciendo a la idea de que
tiene una hermana. Cuando tu padre y yo hemos ido

a recoger la maleta, Fátima corría detrás de ti y te llamaba por tu nombre.

En el comedor, papá te decía que leyeras el cartel que con tanto cariño te había dibujado. Pero tú, preciosa, lo mirabas y seguías con tus cosas. Así es como hemos descubierto que aún no sabes leer, y ello supone que tendremos que empezar por el principio.

Lo más divertido de la escena es ver cómo tu padre te va persiguiendo con un diccionario de inglés para poder comunicarse contigo. Y cuantas más cosas te pregunta, más te animas tú, pero hablando en tu lengua. Al final se ha rendido y, siguiendo el instinto innato, ha optado por el lenguaje corporal y gestual.

Sentada en el centro del comedor, has abierto la maleta y has ido repartiendo un regalo para cada uno. Tu padre se ha pasado el día inmortalizando esos maravillosos momentos de felicidad tomando fotos y filmando.

Pareces cansada... no sé si habrás dormido o no durante el viaje. Vamos al baño y te doy una buena ducha. Estás muy delgada; se te nota sobre todo en las piernas y en los brazos, que parecen palillos. Seguro que tienes anemia, y cuando te vea el médico te recetará un montón de vitaminas.

Es hermoso ver que te emocionas con cada pequeño detalle.

Después de bañarte, te he puesto el pijama y la
bata que te he hecho, de tonos azules como la de tu
hermana Fátima, y te has vuelto loca de alegría. Te
has mirado y remirado en el espejo, y saltabas y
reías de felicidad. Qué suerte que, aunque no nos
podamos entender con palabras, nos entendamos
con miradas, abrazos y sonrisas. [...]

Nos parece que con el día de hoy cerramos un
episodio muy importante de nuestra vida. Todo empezó con tu padre y yo, dos personas que se amaban.
Y poco a poco hemos ido aumentando en número.
Aquellas hijas que tanto esperábamos llegaban de
lejanas tierras. Primero llegó la pequeña y después
la mayor. Eso sí que es saltarse las leyes de la lógica
y de la naturaleza de una vez. Ser padres siempre
implica una gran responsabilidad, pero todavía más
cuando el Destino deposita en tus brazos dos pequeñas, escogidas de entre millones, para que las
eduques y les des alimento para el cuerpo y para el
alma. Y en ese momento de reflexión, de alegría y a
la vez de miedo nos encontramos tu padre y yo,
querida Asha.

5

LA ESCALERA DE CARACOL

Hoy el despertador ha sonado antes que las campanillas de la plegaria de Naresh. Aprovechando que es domingo, María, Núria y Gabriela dormirán hasta tarde. Así que me levanto sin hacer ruido, esquivo sus cuerpos alineados en el suelo y me dirijo al baño. Al meterme en la ducha, el aroma de incienso ya invade la casa. La ocasión esperada tantos años se lo merece y me arreglo más que nunca, quiero causar buena impresión. Me pongo el *salwar kameez* que compré en uno de los puestos del mercado: es naranja y lila, el color sagrado y el de la feminidad.

Al llegar a Bombay, con ese bochorno continuo, me di cuenta de que la ropa que había traído no era la más adecuada, pasaba mucho calor, y decidí vestir como las mujeres indias. Sí, en primer lugar, por el calor, pero también como una señal de aceptación por mi parte de ser como ellas. Cuando pensamos en las mujeres indias, las imaginamos con aquellos *saris* de colores luminosos: metros y metros de tela con la que se envuelven con una destreza única. Me da la impresión de que a mí me saldría fatal y que me vería demasiado disfrazada, así que he optado por el *salwar kameez*. Está compuesto por una especie de blusa hasta las rodillas, un pantalón holgado y un fular que combina con el estampado de una de las dos piezas. El *salwar kameez* no tiene la elegancia del sari, pero me encuentro muy a gusto con él y es muy fresco. Me compré dos para ir variando y uno de ellos lo había reservado para el día en que fuera al orfanato donde viví. Lo estreno hoy.

Bajo un cielo nublado enfilo la calle que ya me resulta familiar. Reconozco las caras en el puesto de maíz tostado, el de las cestas de fruta, el de los saris tornasolados que se mueven al compás de la brisa, el de las especias con la variedad de perfumes que desprenden y que se mezclan con el olor empalagoso de los *bidi*s. En lo alto de la calle, me acerco al primer taxi de la parada y de carrerilla le suelto la dirección que he ido repitiendo durante todo el camino para no olvidarla, como un niño que va a hacer un recado. Como respuesta del taxista recibo una retahíla de palabras que no entiendo, pero la entonación corresponde a una negativa rotunda. Del interior de otro taxi, una cabeza teñida de rojo chillón se ofrece a llevarme.

El trayecto se me hace eterno. La madre Adelina debe de

estar esperándome porque hace un par de días, justo a la semana de haber llegado, la llamé para avisar de mi visita.
Cuando me identifiqué, no me reconoció, le costó saber
quién era. Supuse que ya es muy mayor y que no debe de
andar muy bien de memoria. Pero en cuanto me recordó se
emocionó y me apremió a visitarla. Hablar con ella por teléfono fue muy intenso. Un paso más que me acercaba a mis
orígenes. Hablamos en castellano, pues la madre Adelina es
de Puerto Rico y, a pesar de que lleva más de media vida en
Bombay, no ha perdido su lengua.

El recorrido por calles y callejuelas me lleva a pensar en
mi padre, que se conoce al dedillo esta ciudad sin haberla
pisado jamás. Es como si lo viera: en la mesa del comedor
con los mapas extendidos y recorriendo con la mirada calles
y plazas de mi ciudad. Cuando decidieron adoptarme, mi
padre se entretenía horas y horas ante un plano de Bombay e
intentaba situar dónde vivía yo, imaginaba por dónde
paseaba, quería saber qué me rodeaba para sentirme cerca.
Mientras, al otro lado de la mesa, mi madre repasaba el papeleo de la adopción.

El taxi se detiene ante la imponente puerta de hierro
forjado. Esta imagen se ha mantenido muy viva en mi
mente todos estos años. A la derecha hay una placa. No
necesito acercarme para saber lo que pone, lo sé perfectamente: REGINA PACIS. De repente me asalta un ansia que

me hiela el corazón, ya no noto el bochorno del ambiente, me recorre un temblor que no me permite avanzar hasta que recuerdo que estoy aquí para reconciliarme con el pasado.

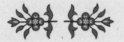

El orfanato donde viví hasta los seis años es como una fortaleza que guarda mi secreto. Y sólo yo puedo encontrar la llave para desvelarlo. Tomo una foto de la puerta y me adentro en el jardín lleno de árboles y plantas en flor. Despacio sigo el camino que conduce a la entrada, lo contemplo todo con una emoción difícil de describir. El sonido de las piedras a mi paso, a un lado el patio donde había jugado con otras niñas... No paro de hacer fotos, de cada cosa, de cada rincón. Estoy tomando muchas para que todo quede grabado, porque a partir de ahora no puede haber sombras ni imágenes borrosas en mi memoria, y también para contarlo cuando regrese a Barcelona.

Está todo igual que hace veinte años. A la derecha se alza el colegio, un edificio convencional, de color gris, tres pisos sin balcones pero con unos grandes ventanales. Y a la izquierda, un edificio de estilo colonial, el convento. Subo en un par de saltos los escalones de entrada al convento y, al llegar al vestíbulo, me dirijo en inglés a la primera monja joven que veo. Pido por la madre Adelina. Estoy muy nerviosa. La monja me señala un sillón donde puedo esperar. Mi mirada va de una puerta a otra para averiguar por cuál aparecerá la monja que para mí fue como una madre. Ante mí reconozco el pasillo que comunica con la estancia de las niñas, mi hogar de los tres a los seis años.

No era fácil ser una más entre doscientas niñas. Las normas eran muy estrictas y nos solía caer algún que otro cachete. El afecto que había recibido de las monjas de Nasik hasta los tres años se desvaneció al llegar aquí. Con todo, enseguida me convertí en la niña mimada, la preferida de las monjas. No tengo ni idea de cómo lo conseguí, porque ahora, visto con perspectiva, recuerdo claramente que entre las niñas reinaba la ley del más fuerte, la más avispada era la que sobrevivía mejor. Yo no era nada consciente de mis actos; sin embargo, tuve la suerte de caer en gracia y resulté ser la más consentida. Siempre iba con arañazos y la cara marcada de las constantes peleas: no, no era la ley del más fuerte, era la ley de la selva. Y en cuanto podía, me escapaba de mis obligaciones para correr a refugiarme en el regazo de las monjas; era su juguete.

El Regina Pacis estaba dividido en dos: el colegio y el orfanato. A la escuela asistían chicas de familias ricas. Estaban en régimen de internado, en dormitorios dobles, con sus camas, su armario y su mesilla de noche. Las huérfanas a veces nos colábamos, fisgábamos entre sus cosas y las espiábamos. Nosotras no teníamos habitaciones. Recuerdo una sala enorme con el techo abovedado y ventiladores colgando. Dormíamos en el suelo, sobre una toalla, alineadas una al lado de otra. India es un país cálido y húmedo, como el ambiente cálido de la sala y el suelo húmedo y frío donde dormíamos. Entre el suelo y nuestros cuerpos, sólo una fina toalla. ¿Un país cálido? Pues nosotras pasábamos frío. El único calor nos lo proporcionaba el cuerpo que teníamos al lado. Y a pesar de dormir apiñadas, recuerdo que me sentía sola. Muy acompañada y muy sola a la vez. Los ventiladores iban girando, removían el aire de la sala, pero a mí me faltaba aire para vivir. El tiempo iba transcurriendo y cada día era una copia exacta del anterior, nada cambiaba.

A cada extremo de la sala había una puerta que chirriaba y que sólo dejaba pasar un hilo de luz por una rendija. De noche, el mínimo ruido me despertaba, oía aquellos chirridos y tenía tanto miedo que no me atrevía a moverme ni para ir al lavabo. Buscaba la rendija por donde se colaba la luz, pero me rodeaba una negra oscuridad. Y por la mañana, cada día el mismo drama: ¿quién se ha hecho pipí encima? Asha. Desde entonces soy muy miedica. Junto a esta estancia estaban los lavabos, un agujero en el suelo, sucio y asqueroso, y el vestuario, una hilera de estanterías con un cajón para cada una donde guardábamos la ropa, todo lo que teníamos. Habida cuenta de la sencillez de las instalaciones, el único lujo consistía en una pequeña habitación para cuando alguna se ponía enferma. En ella había una cama: ¡toda una deferencia!

Nos despertábamos temprano y sacábamos las toallas al patio para airearlas. Como a mí se me escapaba el pipí día sí día también, la tenía que tender para que se secara, y a menudo me caía una torta. Pero después quedaba olvidado y me iba a jugar con las niñas. Al retirar las toallas, todo el espacio de la sala quedaba libre para las actividades. En una ocasión en que pillamos no sé qué infección, las monjas prepararon una gran olla con un líquido de color indescriptible y, en fila, teníamos que ir pasando una a una y tomar un par de cucharadas. ¡Qué sabor más malo! Aquella escena me quedó grabada para siempre.

Las chicas ricas del internado recibían la visita de sus padres los fines de semana. Las que vivíamos en el orfanato habíamos sido abandonadas por motivos que desconocíamos y que tampoco habríamos entendido. Contemplábamos aquellos encuentros desde el otro lado de la valla. Los padres sonreían y traían regalos para sus hijas; ellas los abrazaban y sus ojos brillaban de felicidad. Yo contaba con el afecto de las monjas, todas me hacían mimos, pero no era lo mismo. Los regalos no me hacían ninguna falta, pero sí aquella felicidad. Así que un buen día, cuando tenía cinco años, crucé el pasillo que comunicaba con la residencia de las monjas. Estaban en el piso de arriba, rezando. No me lo pensé dos veces y subí por la escalera de caracol. Era una escalera vieja, de madera, los peldaños crujían al pisarlos. Me senté en el último esperando que terminaran sus oraciones. Cuando la madre Adelina salió del oratorio, le solté: «¡Quiero unos padres!» La espiral ascendente se convirtió en el símbolo de mi búsqueda y durante un año seguido subí la escalera de caracol cada día y me sentaba en el último peldaño para preguntarle si ya los había encontrado. Pobre mujer, qué podía responder a aquella criatura que le pedía aquel enorme deseo. En aquella época y en aquel lugar, las adopciones no eran habituales. La comunidad religiosa se encargaba de proporcionar unos estudios a las niñas y, a medida que crecían, les procuraban la dote y un marido. La opción de no casarse no existía, a menos que la chica tuviera vocación religiosa. Ya de pequeñas las iban encarrilando hacia el futuro, sin posibilidad de escoger, sin poder decidir sobre sus propias vidas. A veces me sobrevenía un sentimiento algo negativo hacia algunas de las monjas que más me regañaban. Pensaba que cuando fuera mayor, un día volvería y les demostraría que había salido adelante. Sólo pretendía que entendieran cómo me sentía.

Cuando llegó el momento de ir al colegio, me libraba de las clases siempre que podía. Todo el día correteaba descalza arriba y abajo persiguiendo a las monjas. Tal vez era tan traviesa porque una especie de intuición me decía que mi existencia no iba a acabar allí, que tenía que disfrutar de una vida libre. Gracias a mi testarudez tuve la oportunidad de ver algo de mundo, lo que se traducía en unos paseos por Bombay. La madre Adelina era la encargada de las relaciones con el exterior y me llevaba con ella siempre que podía. Las demás niñas no salían nunca del recinto, en cambio yo sí. Después del interrogatorio diario en lo más alto de la escalera de caracol, la madre Adelina me daba una manzana y cruzábamos el jardín y la puerta de hierro para tomar un taxi. Hacíamos un recorrido por los grandes hoteles de la ciudad, como el Taj Mahal, donde recogíamos sobras de las comidas y las llevábamos al orfanato. Pero nosotras esa comida ni la olíamos. Nos alimentábamos únicamente de arroz y verduras, ni carne ni pescado. Por lo tanto, aquellos suculentos manjares debían de ir a parar a los platos de las chicas ricas, porque nosotras no los probamos jamás.

Ante mi insistencia en exigir una familia, la madre Adelina

siempre me respondía que tenía que rezar más y tener fe. Sin decirme nada, un día escribió una carta en castellano donde explicaba mi caso y metió una foto mía en el sobre. Esa carta llegó a Barcelona, a miles de kilómetros de Bombay, y por medio de algún intermediario recaló en casa de Josep Miró y Electa Vega, que ni se imaginaban que acabarían siendo mis padres. Ellos habían iniciado un proceso de adopción de unas mellizas indias y por estar inmersos en ello quizá podrían encontrar una familia que se hiciera cargo de aquella niña ya mayorcita. Las mellizas eran Fátima y Mary, tenían poco más de un año y vivían en el norte de India, en un orfanato que pertenecía a la misma congregación que el de Bombay. La pequeña Mary no llegó a conocer a su nueva familia. Unos días antes de la fecha señalada para tomar el avión hacia Barcelona, Mary se puso enferma. Su estado empeoró muy deprisa y murió.

En cuanto se fueron recuperando del mal trago, mis futuros padres decidieron que Fátima tendría una hermana y solicitaron la adopción de otro bebé. Entre tanto, la carta con mi foto que pedía a gritos un hogar de verdad permanecía sobre el mueble del comedor. Cada vez que la apartaban para limpiar el polvo, se reafirmaban en el propósito de buscar unos padres para mí. Hasta que llegó un día en que mi madre hizo un *clic,* se quitó de la cabeza la idea de que era mejor la adopción de un recién nacido y me reclamaron. Moría Mary y nacía yo con mis seis años, casi siete.

Pese a que yo no tenía la más remota idea, las cosas iban por buen camino y ya sólo quedaba formalizar la adopción. A la madre Adelina le costó trabajo convencer a las otras monjas de los beneficios de una adopción. No estaban acostumbradas, no lo veían claro, no constituía una opción en sus planteamientos educativos, y supongo que también me querían. No obstante, accedieron. Finalmente, una mañana, tan temprano que aún no había llegado el momento del ritual de subir la escalera de caracol, la madre Adelina vino a darme la noticia: «¡Ya tienes unos padres!» Y me entregó una fotografía en blanco y negro. Desde ese preciso instante iba a todas partes con la foto de los que iban a ser mis padres en el bolsillo. Para mí ya lo eran. Quedó muy arrugada de tanto mirarla, de darle besos. En la foto también salía Fátima. Tenía una hermanita. Ese era un regalo de más que ni había soñado. Recuerdo con claridad aquellos momentos con la foto en el bolsillo y la alegría de saber que tendría una familia como la de aquellas niñas a las que espiaba.

Los meses que duró la preparación del viaje hacia mi nueva familia fueron una aventura llena de emociones. Con la madre Adelina aprovechábamos el recorrido en taxi por los hoteles de Bombay y un día íbamos a comprar ropa —en Barcelona necesitaría ropa de abrigo—, otro día zapatos —

no había tenido nunca— y una maleta más grande que yo para meterlo todo. Ella me orientaba en todas las compras y me dejaba elegir el color del abrigo, de las faldas, el modelo de zapatos e incluso me dijo que tenía que pensar qué regalos quería llevar. Me hacía sentir como una niña mayor. Fuimos a las tiendas de recuerdos y allí compramos un cuadro de maderas de muchos colorines para papá; para mamá, unas bailarinas de papel que se mueven cuando las tocas, y para Fátima, una muñeca, un juego de animalitos y un *sari*. Un detalle para cada uno y la maleta cada día más llena. De la ropa que tenía en el cajón no me llevé nada, se quedó toda allí. Imagino que la utilizaría la siguiente niña, la que ocuparía mi toalla, llenaría mi cajón, y seguramente no tendría mi suerte. Fue como hacer cruz y raya, todo nuevo para una nueva vida.

***

Un ruido en el vestíbulo me devuelve de golpe al presente. Se ha abierto una de las puertas que tengo ante mí y la imagen borrosa que guardo de la madre Adelina toma cuerpo. Aparece una mujer mayor, de unos ochenta años, delgada y bajita, de piel blanquísima y vestida de blanco. Nada más verla se me inundan los ojos, derramo todas las lágrimas que he retenido desde que estoy en mi país. Nos abrazamos y siento que nada ha cambiado, sólo que las dos somos mucho más mayores. Nos sentamos allí mismo, en el vestíbulo, para charlar y enseguida se acercan las otras monjas. Algunas son viejecitas como la madre Adelina, pero también las hay jóvenes. Están todas pendientes de mí y en un santiamén el encuentro se convierte en un bullicio: ¿No te acuerdas de mí? Yo te lavaba el pelo. Yo te acompañaba a clase... A las demás no las recuerdo. De vez en cuando, en medio del alboroto, mezcla de castellano y de inglés, la madre Adelina y yo cruzamos una mirada de complicidad que me resulta muy familiar.

Me cuentan que cuando iba a pedir el desayuno, siempre decía: «*It's time to ten*». Como era tan aficionada a hacer novillos, hablaba un inglés muy precario. Y, mira por dónde, esa expresión sin sentido hizo fortuna y todavía hoy, a la hora del desayuno, siempre salta alguien con «*It's time to ten*».

Las más jóvenes me acompañan a visitar las instalaciones del colegio y del orfanato. Todo sigue igual. En el centro del patio, donde los sábados dábamos vueltas por turnos en una bicicleta y los domingos tomábamos el sol, aún hay un gran bidón oxidado lleno de agua. ¡Cuántas veces había bebido allí! Desde la rama de un árbol parece que un cuervo me observa. Arrastro a las monjas hacia otro lado para evitarlo. Me

dan pánico. De pequeña, en este mismo patio, un cuervo se
abalanzó sobre mí y me pellizcó la nuca. Las antiguas sensaciones y las brumas del pasado se van perfilando en recuerdos concretos.

Detrás de la casa están los mismos lavaderos para la ropa.
Me conducen hacia los talleres. Allí dan clases de costura,
cocina, danzas. De repente la veo por el rabillo del ojo: la escalera de caracol, el símbolo más sólido de mi camino está
ahí, existe, no es un recuerdo distorsionado. No lo puedo digerir todo de golpe, son muchas imágenes en poco tiempo,
pero en mi interior algunas piezas desordenadas se van colocando en su sitio. Las niñas que viven aquí han preparado
una canción en mi honor. Me enseñan sus dibujos. En medio
del jaleo que tienen montado veo en sus ojos una brizna de
la tristeza que las acompaña y a la vez de admiración hacia
mí. Demasiadas emociones.

Llega la hora de almorzar. El mismo arroz con verduras de
hace veinte años y una tarta que han hecho especialmente
para celebrar mi regreso. Las monjas comparan mi época
con la actual. Comentan las diferencias, los cambios que se
han producido y me confirman que la adopción ha pasado a
ser un hecho frecuente. De este orfanato cada año salen unas
cuantas niñas para reunirse con una familia que se ocupará
de ellas, ya sea en el propio país o mucho más lejos. Me explican los problemas con que tienen que lidiar con las

nuevas generaciones de chiquillas, tanto del internado como del orfanato. Por mi parte, les cuento los dos objetivos de mi viaje: reencontrarme con el pasado y colaborar en los campos de trabajo de Setem. Podríamos haber seguido charlando infinidad de horas, pero, como en todo país caluroso, existe una costumbre sagrada: la siesta.

Ya me apetecía quedarme a solas con la madre Adelina, y a ella también. Por fin disfrutamos de un momento de intimidad para hacer balance de nuestras vidas. Se coge con fuerza de mi brazo y nos retiramos. Está muy delicada de salud, pierde la memoria y cualquier movimiento le supone un gran esfuerzo. Avanzamos despacio por los pasillos hasta su dormitorio. Para mí, entrar ahí es como cruzar el umbral de un templo. Sólo esas paredes conocen su trabajo firme y constante para darme una oportunidad. Sus ojos reflejan la felicidad de verme, de constatar que valió la pena luchar para conseguirme una familia, para ofrecerme una nueva vida. La madre Adelina me mira con parsimonia, no ha dejado de observarme desde que nos hemos encontrado de nuevo. Pero ahora que estamos a solas es como si de repente se diera cuenta de que hace veinte años que no me veía, como si mirándome quisiera confirmar que acertó al escribir aquella carta con mi foto. Supongo que ella está tanto o más emocionada que yo. También supongo que intuye que soy feliz, que los padres que le pedí, los padres que encontró para mí en Barcelona, han hecho de mí una mujer educada y feliz.

El sol se pone y los hilos de luz que se deslizan a través de las persianas tiñen de oro esta humilde celda como si se tratara del receptáculo del tesoro más preciado. Una cama, una mesa y una silla. Sobre la mesa hay muchas cajas, cada una con un nombre, una caja para cada una de sus niñas repartidas por el mundo. Son de latón, parecidas a las de galletas. Con gesto tembloroso, busca la mía y la de Fátima, y de su interior saca un sobre amarillo con fotografías de cuando éramos pequeñas. La que está más arrugada es la primera foto que me enviaron mis padres al orfanato. En el reverso reconozco la letra de mi madre: «Aquí tienes a tus padres y hermana que te esperan».

Atadas con un cordel, guarda todas las cartas que le hemos escrito la familia a lo largo de estas dos décadas. Las empezaba mamá, informando de nuestros avances y de cómo era nuestra vida en Barcelona. A continuación, Fátima y yo contábamos anécdotas del cole, alguna excursión o las notas que sacábamos. A mí me gustaba detallar mis progresos con el piano. Revolviendo las cartas aparece el dibujo que hizo Fátima de la piscina donde aprendimos a nadar.

Fui creciendo y las cartas mantenían la misma estructura. En algunos momentos de mi vida, sobre todo en la adolescencia, supongo que como todas las chicas, necesitaba un confidente. Algunas cosas no me atrevía a comentarlas con quien tenía más cerca. La madre Adelina habría sido la persona ideal, ella me conocía mejor que nadie y además ¡había aprendido su idioma! Pero no pude establecer esa complicidad con ella porque las cartas las escribíamos entre todos. Me habría gustado desahogarme, hablarle del primer chico que me gustó, de aquel sufrimiento que parece que te vas a morir. También necesitaba alguien a quien poder explicarle la sobreprotección de mis padres. No querían que nada del entorno pudiera hacerme daño y eso a veces me confundía. Huelga decir que conforme me he ido haciendo mayor, y con la perspectiva de los años, he comprendido lo que mis padres deseaban para mí y les estoy infinitamente agradecida.

Ato de nuevo las cartas con el cordel y aturdo a la madre Adelina con todas las preguntas que aún no han encontrado respuesta. Al cabo de veinte años, por fin estoy segura de que mis vagos recuerdos, aquellas imágenes difuminadas, corresponden a una realidad. Me explica con todo detalle el día en que me fui. Me iba despidiendo de todo el mundo sin tristeza, me marchaba hacia la felicidad con una actitud tan decidida que ella pensó que no era normal en una niña tan pequeña. En el aeropuerto, antes de cruzar la puerta de cristal, le dije adiós con la mano sin derramar ni una lágrima. De mayor, muchas veces he deseado tener esa fuerza que me llevó adonde quería llegar.

La madre Adelina prosigue el relato con muchas otras anécdotas de mi estancia aquí, pero rehúye curarme una herida que aún llevo abierta. Me cuenta que, cuando cumplí tres años, las monjas de Nasik decidieron enviarme a Bombay para que pudiera ir al colegio, pero no me da más detalles. Ella conoce mi origen y me niega la información, quiere evitarme el sufrimiento y cree que así me protege. Seguimos charlando y vuelvo a insistir para que me aclare las dudas que me han traído hasta aquí.

Quiero saber quiénes fueron mis padres biológicos, por qué me abandonaron, por qué no me quisieron, en qué situación se encontraban para que les supusiera tal estorbo como para deshacerse de mí. Me resulta muy doloroso, son demasiados años de preguntas sin respuestas. La madre Adelina me dice que no remueva más en el pasado, que debo mirar hacia delante, que el pasado sólo me hará daño, que tengo la mejor vida que jamás hubiera podido desear, que he de dar gracias a Dios por este regalo, por todo el amor que he recibido de mi familia, por no haber tenido que sufrir la pobreza que consume a India. Y añade: «No debe importarte si eres hija de ricos o pobres, las aguas sagradas de

India te han dado la vida y debes pensar únicamente en vivir el regalo de Dios con dignidad, ayudando al prójimo, haciendo el bien». No me detengo, insisto, quiero saber, lo necesito... Para acallarme, sentencia: «Asha, eres hija del Ganges».

No sé cuánto rato llevamos hablando, pero ha llegado el momento de irme. Antes de despedirnos hacemos un intercambio simbólico: le doy mis sandalias, fuertes y protectoras, y ella me da las suyas, casi deshechas, que le maltratan los pies sensibles y cansados. Ella me dio las alas para volar, de algún modo le ofrezco mis zapatos para que siga el camino que le queda. Finalmente nos abrazamos emocionadas. La estrecho tan fuerte que se tambalea, pobrecilla, está tan mayor. La abrazo con la emoción de tener entre mis brazos a una de las personas más importantes de mi vida. Vuelvo a cruzar el jardín y la puerta de hierro forjado, y empiezo a percibir que los recuerdos se van ordenando, pero aun así me voy con una sensación agridulce: todavía me falta una pieza. No he logrado completar el rompecabezas de mi pasado para afrontar el futuro con plenitud. Me detengo una vez más para contemplar el orfanato desde el exterior antes de tomar un taxi y volver a casa de Naresh y Kamal. Me siento más ligera que hace unas horas.

Lunes, 28 de octubre de 1974

Hoy, a las siete de la mañana, te has despertado asustada, Asha. Tu grito de «mami, mami» me ha llegado al alma y he corrido a tu habitación. Tenías aspecto de haber sufrido una pesadilla, hija mía. Tenemos el obstáculo del idioma, pero por gestos me has hecho entender que te daba miedo la oscuridad y querías la luz encendida. Qué mal me sabe no poder comunicarnos verbalmente... Me podrías haber dicho qué te daba miedo, qué has soñado que te ha asustado tanto... Me encantaría serenarte y decirte que aquí no tienes que sufrir, que estás con nosotros y que no permitiremos que te suceda nada malo. Nos hemos abrazado muy fuerte y eso sí lo has entendido. En la litera de abajo, tu hermana Fátima también se ha despertado. Como todavía es muy temprano, os he llevado a las dos a nuestra cama. Y allí los cuatro nos hemos divertido mucho. Fátima y tú jugabais a haceros cosquillas, y tu padre y yo nos hemos sentido infinitamente felices. A tu padre lo vuelve loco fotografiar estos preciosos momentos, ha ido a buscar la cámara y con el disposi-

tivo automático nos hemos hecho fotos los cuatro juntos. No quepo en mí de gozo. Sé que hay sensaciones que ni las fotos ni estas palabras mal escritas podrán llegar a describir, pero me conformo con dejar este testimonio y tal vez algún día, cuando seas madre, entenderás todas y cada una de estas emociones. [...]

Después de este rato de jolgorio ha empezado tanto para ti como para nosotros el día a día. Iremos a comprar ropa y zapatos. Las monjas que te cuidaban te han comprado lo más esencial para el viaje, pero la ropa que han escogido es muy finita para el frío que ya asoma en Barcelona.

¡Qué hermoso salir a la calle con mis hijas! En el barrio, todo el mundo nos para, os quieren saludar. Sois la nota de color. A alguno se le escapa un «pobrecillas», y no sabes la rabia que me da. Ignoran, hija mía, que vosotras no sois una aventura, sino nuestra vida.

En la zapatería me ha tocado batallar para que te probaras unas chirucas para ir al colegio. No había manera de que obedecieras. Tú has escogido otros zapatos, muy elegantes, pero no te hubieran servido para jugar en el patio. No sé cómo he conseguido que entraras en razón, pero al fin te has conformado.

*El siguiente episodio ha sido en la carnicería.
Mirabas la carne y no parabas de patalear y decir que
no con la cabeza. En momentos como este me gustaría poder hablar contigo. Por lo que imagino, no
debes de haber comido nunca carne. Tu padre y yo
hemos leído un montón de libros sobre las costumbres de tu país. Nos acercaba a ti cuando aún
tramitábamos la adopción. Esparcíamos libros y
mapas sobre la mesa del comedor. Tu padre miraba el
plano de Bombay, tenía localizado el orfanato, la em-
bajada española, los juzgados, la famosa estación
Victoria, el hotel Taj Mahal... Cada día marcaba rutas
e imaginaba qué camino tomarías para ir al aeropuerto. A veces me duele haberme perdido tus
primeros años de infancia, los momentos de descubrir
lo que te rodea. Envidio a las personas que han estado a tu lado y han podido disfrutarlos, pero ahora te
tengo aquí... y con toda una vida por delante.
La hora del almuerzo ha sido un pequeño cal-
vario. Haces ascos a todo. Sé que te va a costar, pero
te irás acostumbrando a los nuevos sabores. Con tal
de no comer soltabas unos lagrimones que habrían
roto el corazón a cualquiera. No me queda otro
remedio que obligarte, porque estás muy desnutrida
y debes de tener una anemia de campeonato. [...]*

De lo que más me maravillo es de que pensaba que resultaría muy difícil tener una niña ya mayorcita. Pensaba que me costaría mucho, que tendríamos problemas de adaptación, pero por ahora todo va como una seda, y espero y deseo que esta sensación de paz sea mutua.

6

CON LAS MANOS LLENAS

En aquel folleto que finalmente se convirtió en mi pasaje a India destacaban dos palabras llenas de sentido para mí; eran mucho más que el nombre de dos ciudades de un lugar lejano. Aquel puñado de letras dibujaba con precisión la geografía de mi primera vida: Nasik y Bombay. En ambas ciudades, la ONG con la que he venido hasta India colabora en varios proyectos impulsados por iniciativas locales. Al llegar a Bombay, el grupo de Barcelona se dividió en dos: los que trabajaríamos como voluntarios en el colegio y los que lo harían en un centro de acogida para mujeres en un barrio marginal. En ese barrio se concentra la prostitución y con ella todos los problemas que genera la miseria. Es una zona sórdida, una extensión de barracas construidas con los peores materiales, plásticos y cartones, donde las condiciones higiénicas son de todo punto deficientes y donde conseguir agua potable constituye una proeza. En minúsculas habitaciones, viven con sus hijos mujeres que se dedican a la prostitución. Esos niños tienen que desaparecer cuando la madre necesita la habitación para trabajar y deambulan sin rumbo por unas callejuelas que no les abren ninguna perspectiva, o bien se acurrucan debajo de la cama y allí se quedan medio dormidos, porque lo que sí han aprendido es que no deben andar estorbando. El premio no será una muñeca ni una bicicleta, tan sólo un puñado de arroz o de lentejas.

El grupo que trabaja en esa zona está desmoralizado, no ven el modo de ser útiles, pues un pequeño cambio en un entorno tan degradado sólo tiene efecto a muy largo plazo. La manera de actuar occidental implica prisas por alcanzar resultados; la perplejidad y la impotencia conducen a querer transformarlo todo de raíz. En cambio, la ayuda efectiva vendrá después de conocer profundamente la cultura, las tradiciones, la espiritualidad que los mueve; tras haber sabido escuchar llegará el momento de poder hacer alguna aportación.

El proyecto que se ha emprendido en este barrio consiste en la creación de un centro de acogida para mujeres y sus hijos, donde se les proporciona alimentos para combatir la desnutrición y se intenta que aprendan un oficio para salir adelante. Asimismo se llevan a cabo campañas informativas sobre el sida y otras enfermedades. Y se intenta cubrir estas necesidades básicas con grandes dosis de afecto como complemento indispensable del agua, el arroz y los medicamentos. Los que trabajamos en el colegio acudimos algunas tardes a una cooperativa de mujeres para echar una mano. Allí acogen a viudas y mujeres que han sido repudiadas por sus maridos. Algunas han sufrido malos tratos o supuestos accidentes que no son más que agresiones intencionadas, como esos rostros desfigurados por el ácido. La sociedad ha apartado a esas mujeres, las han convencido de que no son nada y de que no llegarán a ninguna parte. Sin embargo, esta cooperativa que nació de la nada ha ido ampliando sus locales y cada vez más mujeres pueden desempeñar una tarea que les permite una vida digna. Viven en casas compartidas y hacen trabajos manuales, sobre todo textiles. La gama de productos ha ido en aumento: muñecas de trapo, bolsos, delantales, colchas, cojines... decorados con motivos tradicionales y a la vez reivindicativos de los derechos de la mujer. Esos objetos se venden en Europa por medio de organizaciones dedicadas al comercio justo, que les garantizan la remuneración que les corresponde. Con este trabajo recuperan la dignidad personal, encuentran nuevamente un sentido a la vida, e incluso algunas de las que han sido agredidas con ácido pueden viajar a Europa para operarse, lo que les abre una nueva vida.

Los que viajamos a India con la mochila repleta de buenas intenciones y de ganas de trabajar a menudo nos hundimos, porque en un mes escaso no encontramos nuestro sitio para ser de la máxima utilidad. De hecho, estos campos de trabajo están enfocados más que nada hacia la observación y el aprendizaje de lo que nos rodea y a partir de ahí, con el cambio que experimentaremos, pues nada nos habrá dejado indiferentes, podremos trabajar desde nuestras respectivas ciudades y pueblos con las herramientas que el llamado progreso pone a nuestro alcance. Todas las experiencias vividas labran nuestro interior y una vez en casa no nos quedaremos apoltronados en el sofá viendo pasar el mundo, sino que nos pondremos manos a la obra para cambiarlo en la medida en que nos sea posible.

He querido regresar a India siendo un poco más útil y por ello me paso muchas horas en la escuela de Andheri trabajando como voluntaria en lugar de pasarme el mes entero haciendo turismo. He querido regresar con las manos llenas, aportar algo. Sé que los campos de trabajo me arrojan directamente a la realidad más dura del país y que India no es tan sólo miseria, niños que trabajan y mujeres maltratadas. Llevo años acercándome a mi país de origen mediante libros y documentales. Sé que es un país con inmensidad de riquezas. Un país donde conviven, con mayor o menor dificultad, diversas religiones, más de treinta idiomas oficiales e infinidad de dialectos. India posee una cultura milenaria y eso se percibe por las calles de Bombay, la ciudad que alberga la gran industria del cine indio, tan impresionante que la denominan Bollywood. India está superpoblada y llena de contrastes que llegan a extremos incomprensibles. Estos días, entre mi aportación a la vida cotidiana de los niños del colegio y mi viaje interior de retorno a la tierra donde nací, me pregunto a menudo cuál habría sido mi vida si no me hubieran adoptado. Un acertijo particular y sin respuesta.

❦ ❦

Queda poco para la excursión a Nasik con el grupo. Siento un nudo en el estómago, nervios. Allí voy a tener dos tareas: conocer el proyecto de las acequias que acumulan el agua de lluvia y hurgar en mi pasado más remoto. Espero encontrar a alguien que aún conserve mis recuerdos y que el monzón no los haya borrado del todo.

Martes, 29 de octubre de 1974

Me he despertado de madrugada y os he venido a
ver a la habitación. Mis pequeñas en un sueño plá-
cido y profundo. Como todas las madres, velo por
vosotras día y noche. De día veo en vuestros ojos
una alegría contagiosa, de noche escucho vuestra
respiración acompasada, como el balanceo de las
olas. Ser vuestra madre es una maravilla.

Estos días, Asha, nos están sirviendo para
acoplarnos mediante el sencillo diálogo de los gestos
y las caricias. Tu risa sólo queda interrumpida a la
hora de comer. Cada día entablamos una pequeña
disputa, pero tus lágrimas no van a hacer que de-
sista. Cariño, si no comes, no vas a crecer. Tal vez
debería estar más pendiente de ti, pero Fátima tiene
celos desde que has llegado y también reclama mi
atención. De todos modos, se la ve contenta contigo,
porque todo el rato la persigues, juegas con ella y la
llevas de aquí para allá. La levantas del suelo, le
haces mil y una diabluras, y cuando la vuelves a
soltar, se va tambaleando hasta que recupera el equi-
librio. Va un poco atrasada en el crecimiento. Hace
poco que ha aprendido a caminar... y tú la llevas
loca.

Vuestra llegada me supuso un gran cambio.

Cuando empezamos a pensar en la adopción, asumí que dejaría de trabajar como modista para dedicarme exclusivamente a vosotras. El cambio me compensa a todas horas. He salido ganando. A partir de ahora coseré para mis hijas y podré disfrutar del tesoro de participar en vuestros descubrimientos.

Ahora que lo pienso, te he contado muy poco de mí y de cómo era mi vida antes de que Fátima y tú llegarais a Barcelona. Cuando me casé, tenía el deseo de formar una familia e imaginaba cómo sería. Siempre le decía a tu padre que me gustaría tener mellizos. Era un sueño y con los años se quedó en eso, en un sueño. La mala salud me llevó varias veces al quirófano... y sin lo que la naturaleza nos da para procrear, ya podía yo pedir la luna. El destino hizo realidad lo imposible. Adoptaríamos a unas mellizas: Fátima y Mary. No habían sido fruto de mi vientre, pero sí de mi deseo más íntimo. Hace unos meses, Mary cerró los ojos sin poder vencer la enfermedad. Lo que el destino me regalaba, él mismo me lo acababa quitando. Y gracias a las peripecias del azar, tú estás aquí.

Un día, hojeando un libro, tu padre encontró un

poema anónimo en el que aparecían vuestros nom-
bres. Sí, el nombre de mis tres hijas: Asha, Fátima y
Mary (Marien):

> Tres morillas me enamoran en Jaén
> Asha, Fátima y Marien.

Como el poeta, yo también estoy enamorada de mis hijas...
¡Sois lo más importante que tengo!

Ya lo ves, sé siempre persistente en tus deseos porque
tarde o temprano se cumplen.

7

MARY

Cada nuevo día es especial ya sea por la intensidad de las experiencias que vivimos en los diferentes campos de trabajo, por la convivencia con la gente del país, como por el trastorno que me provoca el hecho de enfrentarme a mi propia historia. Ya duchada y vestida, Kamal me agarra de un brazo y me sienta en el suelo alfombrado del comedor. Para ella es un orgullo que me vista como una india más y quiere poner su granito de arena. Todas las mañanas me hace un peinado distinto. Una trenza, dos, un montón de trenzas entrelazadas. Va todo el día ajetreada con las niñas y las tareas de la casa, pero el momento de peinarme lo transforma en un auténtico ritual. Me cepilla la melena con energía pero sin prisas y va separando el pelo en hileras para trenzarlo. Hacía tantos años que nadie me peinaba y la sensación es tan agradable que cierro los ojos y me relajo. Me parece que son los únicos minutos del día en

que consigo dejar la mente en blanco, cero pensamientos...
ya basta de cavilar.

Hoy se ha esmerado especialmente. Sabe adónde voy y su
manera de acompañarme es haciéndome la combinación de
trenzas más complicada que se le ha ocurrido. Desde la
puerta de casa me dice adiós con la mano mientras enfilo la
calle. Me paro a comprar unas flores, esquivo un par de
charcos del último chubasco y sigo hacia la parada de taxis,
donde recito de nuevo la dirección que mi padre tenía marcada con un círculo en el plano de Bombay. He quedado
otra vez con la madre Adelina. Primero iremos a misa y
luego al cementerio.

Cuando mis padres supieron que iba a emprender este viaje,
sólo me pidieron una cosa. Es un encargo ineludible y lo
hago tanto por ellos como por Fátima y por mí misma. Después del sinfín de preguntas que me hicieron, mi madre me
dijo, serena: «Asha, ve a visitar la tumba de vuestra hermana,
la pequeña Mary».

Fátima y Mary eran mellizas. Nacieron en Gujarat, en el
norte de India. Sus padres eran tan jóvenes como pobres y
no pudieron hacerse cargo de ellas. La misma congregación

del Regina Pacis tenía sede en Gujarat y allí les dieron cobijo hasta que tuvieron poco más de un año. Mis padres decidieron adoptarlas. Les hacía mucha ilusión que fueran mellizas. Así, con un mismo empujón podrían dar una nueva vida a dos criaturas. Unos días antes de que partiera el avión que las tenía que llevar a Barcelona, las trasladaron al orfanato de Bombay. Mary se puso enferma. Cogió un simple sarampión, que una vez en casa habría superado con unos días de cama y los medicamentos apropiados. Pero no fue así. La muerte de Mary supuso el inicio de mi segunda vida. Mary, Fátima y yo habíamos compartido el mismo techo sin saber que más adelante el destino nos tenía que unir. Además, Fátima y yo tendríamos la suerte de poder compartir algo mucho más intenso, toda una vida en el seno de la misma familia.

Las flores que he comprado son para Mary. No puedo evitar el pensar que ahora tendría veintidós años, como Fátima. ¿Y qué habría sido de mí? ¿Me habría quedado en India para siempre? ¿Me habrían adoptado? ¿Los mismos padres? Entonces seríamos tres hermanas, ¡menudo trabajo, pobre mamá!

Ante la tumba de Mary, la madre Adelina coge mis manos entre las suyas, temblorosas, y me dice que hicieron todo lo que estaba a su alcance. Nos sentamos en un banco que está justo frente la tumba y permanecemos allí un rato en silencio. Ahogo el llanto ante la madre Adelina y rezo una oración por la hija de mis padres, la hermana melliza de Fátima y también, ahora lo siento más que nunca, mi hermana. La madre Adelina, en silencio, reza conmigo. A mis padres les gustaría tanto estar aquí...

Mientras hago dos ramos con las flores que he traído para ponerlos a ambos lados de la lápida, la madre Adelina me explica que el día en que enterraron a Mary, al terminar la ceremonia y volver hacia el convento, justo entonces recibieron una conferencia desde Barcelona. Mi madre, muy angustiada, preguntaba por teléfono si le había pasado algo a la niña. En Barcelona era de noche. Mi madre se despertó sobresaltada por una pesadilla. Había oído el grito de dolor de un bebé. Con gran nerviosismo telefoneó a Bombay y le comunicaron que Mary se había puesto enferma en el último momento y que había muerto.

Las monjas pusieron una lápida con un texto en inglés en nombre de aquellos padres que la habían adoptado:

QUERIDA MARY, TE HAS IDO AL CIELO JUSTO ANTES
DE PODER VENIR A VIVIR CON NOSOTROS, PERO PER-

MANECERÁS POR SIEMPRE EN NUESTROS CORAZONES
COMO NUESTRA QUERIDA HIJA. TUS PADRES ADOP-
TIVOS QUE TE QUIEREN, JOSEP MIRÓ Y ELECTA VEGA,
BARCELONA, ESPAÑA.
2 DE NOVIEMBRE DE 1972 / 31 DE MAYO DE 1974

En la época en que Fátima y Mary estuvieron en el orfanato de Bombay, yo daba la lata con que quería unos padres. Y ahora me cuenta la madre Adelina que en alguna ocasión, en el último peldaño de la escalera de caracol, le pedí unos padres... ¡de Barcelona! ¿Qué podía yo saber de Barcelona? Como me metía por todas partes, quizá oí que había dos niñas que se iban a Barcelona para que las adoptaran. Es la única explicación que se me ocurre. Aquel nombre exótico me debía de sonar a tierra prometida. Supongo que en mi subconsciente quedó grabada aquella ciudad asociada a una especie de regla de tres: Barcelona = padres = felicidad.

Para la madre Adelina, la salida de hoy al cementerio, con todos los recuerdos que le ha removido, ha resultado agotadora. Con algunas de las preguntas que le hago, noto que la violento y me rehúye. No la quiero marear más. Eso sí, no me rindo, aún me queda ir a Nasik, donde espero descubrir más cosas de mi historia. La acompaño al convento y nos despedimos. Ahora sí sé que es el último adiós y que no la volveré a ver nunca más. Es un presentimiento. Me dice que siempre estará conmigo, como lo ha estado todos estos años, y la creo. Nos abrazamos por última vez delante de la puerta de hierro. Me quedo allí, no sé por qué. Podía haberla acompañado del brazo hasta dentro. Pero me quedo viéndola avanzar lentamente por el jardín, con mis sandalias, hasta que me saluda con la mano y me sonríe antes de entrar en el edificio.

Viernes, 1 de noviembre de 1974
Estos días hemos ido arriba y abajo con las visitas al médico. Al igual que con tu hermana, hemos querido que te hicieran una revisión completa. Y como nos pasó con Fátima, el médico se ha alarmado al ver tu estado. Ha repetido más o menos las mismas palabras: «Esta niña no tiene ni el peso ni la altura que corresponden a su edad. Además tiene una anemia importante y en estas circunstancias resulta difícil asegurar que pueda tener un crecimiento normal y no se vean afectados otros aspectos...».
Hija mía, la verdad es que eres muy menuda...
dieciséis kilos y un metro doce de altura.

Con Fátima me asusté mucho porque todos los médicos llegaban a la conclusión de que no iría bien y... me gustaría que la vieran ahora, que ya anda. Por eso no hago mucho caso; estoy convencida de que te repondrás muy pronto.

Mañana es el cumpleaños de Fátima. Será un día muy importante para todos. Es el primer cumpleaños en casa. Últimamente todo lo que hacemos es vivir vuestros «primeros momentos». Contigo hemos vivido tu primer día en casa, tu primer baño, tu primer sueño, tu primer llanto... Mañana celebraremos los dos años de tu hermana. Hace casi seis meses que llegó y parece que haya pasado mucho más tiempo. ¡Todo es tan intenso! [...]

Me entristece no saber más de vuestra vida anterior; sé muy pocas cosas y se ha hecho patente en las visitas al médico. Me hace preguntas sobre ti que no puedo responder. Vosotras, cuando crezcáis, también me haréis preguntas y tampoco tendrán respuesta. Daría lo que fuera por que estos pequeños detalles sirvieran para recuperar el tiempo que hemos estado separados. Como madre, supongo que conocer el pasado de los hijos da cierta tranquilidad con vistas al futuro.

8

LA PUERTA DE ATRÁS

Hoy no hay clase en Andheri. El patio del colegio está adornado con flores y banderolas para celebrar el día de la independencia de India. Hace días que los niños y las niñas, con la ayuda de maestros y voluntarios, preparan actividades para esta jornada. En primer lugar, como todas las mañanas, pero en esta ocasión con más solemnidad, los alumnos cantan el himno del país. Después vienen las danzas y los mayores interpretan un montaje teatral que recrea los momentos más relevantes de la vida de Gandhi. Los pequeños se quedan embobados, ponen unos ojos como platos.

Cuando empiezan a repartir las bebidas y los dulces, Núria, Gabriela y yo nos despedimos de los profesores y del director con el tradicional *namasté*. Es un gesto sencillo, lleno de significado. Con las manos juntas en disposición de plegaria, te ofreces a la otra persona con toda humildad.

Aprovechamos que es fiesta para hacer turismo. Hoy sí. El tren de la estación de Andheri nos lleva hasta la Puerta de India. Si los autobuses normalmente ya van hasta los topes, en el tren no cabe un alfiler. En los vagones, empujones y pisotones, hatillos y paquetes, gente que va colgada por fuera y gritos en cada parada. Aunque algo magulladas, llegamos a la mítica Puerta de India, que preside el puerto de Bombay.

En el puerto, el mar sucio y removido tiene su continuidad en una masa espesa de nubes a punto de descargar. El color lo ponen las cometas. Pequeños y mayores las hacen volar cada vez más alto. Hay tantas que quedamos hipnotizadas por las eses que dibujan sin parar. A las tres nos acaba doliendo la nuca de tanto mirar hacia arriba.

Tras un buen rato de cola, tan caótica como el tráfico del puerto, subimos a un barco que nos va a llevar a la isla Elefanta. Durante la travesía, el aire que corre no logra mitigar el bochorno que me pega los pantalones a la piel y al asiento de madera. Me da la impresión de que no hemos escogido el mejor día para ir de visita turística. Lo mejor será comprar una postal porque las fotos tendrán como fondo el gris del cielo y el gris del mar, y tal como se mueve el barco no sé qué vamos a enfocar.

Para acabar de redondear el día, se pone a llover, y con ganas. Desembarcamos al cabo de una hora y nos refugiamos en las cuevas de la isla. Los portugueses la bautizaron con el nombre de Elefanta por la gran escultura que les dio la bienvenida. Evidentemente, representaba un elefante. El atractivo de la isla son los cuatro templos excavados en la roca. A un lado y a otro, en las paredes de las cuevas, hay unos relieves donde se pueden ir siguiendo las peripecias de divinidades como Shiva, Parvati y Ganesh. Continuamos el recorrido maravilladas por la belleza escondida bajo la piedra.

Fuera ha parado de llover y el sol tímido nos permite contemplar una isla frondosa con todas las tonalidades del verde. Esquivamos el bullicio de los puestos de collares y conchas y decidimos regresar a Bombay, pero, mientras hacemos tiempo para tomar el barco, no puedo evitar pararme en uno de los tenderetes. Compro unos cuantos elefantes de piedra para llevar como recuerdo. Son huecos y dentro hay otro pequeño elefante, algo así como una invocación a la fecundidad.

❧❦ ❦❧

Después de comer nos perdemos por las callejuelas. Voy mirando a la gente que pasa arriba y abajo y a los que están en las tiendas. Las calles están llenas de enormes carteles de películas y me acabo de dar cuenta de que los pintan a mano. Unos hombres encaramados en andamios le dan al pincel a conciencia. Esta imagen y la de las mujeres que trabajan en la construcción, trajinando ladrillos en una carretilla, me sorprenden, seguramente porque mi mirada occidental no las tenía grabadas. Y todos los oficios en medio de la calle: el que escribe cartas para quien no sabe, el dentista, el barbero, el que hace zapatos. Intento que no se me escape ningún detalle, pues esa podría haber sido mi vida.

Un anciano encorvado se acerca y me ofrece un tambor. Es precioso, pero muy caro. A cuatro calles de allí todavía me sigue, porque sabe que me he enamorado de él. De todos los trastos que lleva se ha percatado de que mis ojos han ido directo al tambor. Ante su insistencia inicio el regateo y, con mi poco arte, acabo pagando las rupias que le da la gana. El precio incluye una explicación detallada de cómo se toca y de cómo se colocan las tiras de piel para colgarlo y así poder llevarlo a todas partes. Sobre todo cuando se celebran las fiestas dedicadas a Ganesh, insiste el viejo.

Finalmente paramos a tomar un café y decidimos hacer un extra. Nos presentamos en el hotel Taj Mahal, tal vez el más lujoso de Bombay. Debo confesar que desde que llegué la idea me rondaba por la cabeza, pero algo me lo impedía.

Hoy ha ido rodado. Evidentemente, para mí no representa una visita turística más... En la puerta principal me quedo clavada, por un momento no puedo ir ni hacia delante ni hacia atrás.

Al Taj Mahal había venido muchas veces con la madre Adelina a recoger las sobras de comida, pero esa no era la puerta por donde entrábamos. Lo hacíamos por una de las puertas de atrás, la que daba directamente a las cocinas, y desde allí no se veían las alfombras, los jarrones, los muebles, los dorados, los estampados de las paredes... Yo sólo había visto una cocina inmensa donde preparaban unos animalillos (tan exóticos para mí como un pollo o un cordero) que no podía ni imaginar que fueran comestibles. Un mozo ayudaba a la madre Adelina a cargar los paquetes en el taxi y, entre tanto, a mí siempre me daban un trozo de tarta o alguna golosina.

Este es el recorrido que me habría gustado hacer, volver a entrar por la cocina y no pasar de allí, pero me toca entrar por la puerta grande. Aquella niña india desvalida ha quedado atrás y ahora quien llega al hotel es una europea más. Sin pretenderlo, ya llamo la atención más a menudo de lo que desearía, así que sólo faltaría que pidiera entrar por la puerta de las mercancías. Tendría que dar demasiadas explicaciones.

Una vez en el interior, en la cafetería, servicio de porcelana para los tés y los cafés. Escribimos postales. Desde la butaca en la que me he repantigado imagino por dónde se debe de acceder a las cocinas, y el ajetreo de cocineros, lavaplatos, pasteleros... Quizá aún trabaja aquí alguna de las personas que me daban un trozo de pastel, con su uniforme blanco, impecable, tal vez alguien se acordaría de mí si le diera pistas, pero no es posible. He venido a India a recomponer mi pasado, pero soy consciente de que eso no significa que deba seguir todas las huellas de un modo enfermizo. También he venido por un trabajo de voluntaria muy interesante, he venido a aprender y no quiero centrarme únicamente en mí misma.

En el hotel, el lujo es tan exagerado que me produce cierto malestar, me duele esa concentración de ostentación y superficialidad. Al otro lado de la calle está el Bombay de verdad; esto es como una burbuja adonde no llega el murmullo de la vida real.

Observando a los que se alojan en el Taj Mahal, me da la impresión de que muchos de ellos sólo vienen a absorber lo que les ofrece India, parajes maravillosos, grandes templos y palacios, un poco de exotismo sin que les salpique demasiado. Seguro que más de uno queda tan abatido viendo lo que hay en el exterior que se debe de pasar las vacaciones encerrado entre estas paredes, con aire acondicionado y pisando nada más que suntuosas alfombras.

Proseguimos el paseo y en los tenderetes de la calle me detengo a comprar una flauta para encantar serpientes y un violín. Es una flauta de dos cañas a la que de entrada no soy capaz de sacarle sonido, pero con un poco de insistencia ya saldrá alguna nota. Cuando viajo, me llaman la atención los instrumentos musicales y con el tiempo he reunido una colección que es mi pequeño tesoro. En las clases de música que imparto en el colegio de Barcelona, de vez en cuando llevo alguno de esos instrumentos comprados a lo largo y ancho de este mundo, y entre todos nos transportamos a otros países, otras músicas, otras culturas. La flauta me servirá de excusa para contar el cuento del encantador de serpientes que me leía mi madre cuando era pequeña.

En casa vivimos la música intensamente. Mi padre es organista y compositor, y mi madre toca el violín. Al poco de llegar a Barcelona, me sentaron en la banqueta del piano y sin darme cuenta me encontré dentro de ese mundo de una manera natural, pero al mismo tiempo impuesta, pues el proceso de aprendizaje acaba por hacerse muy duro. Requiere una gran dedicación y los resultados se aprecian a muy largo plazo. Cuando los amigos salen, te tienes que quedar encerrada cinco o seis horas al día delante del piano. No obstante, la constancia tiene su recompensa y me fui animando día a día hasta estudiar la carrera de piano en el conservatorio, que fue mi segundo hogar durante muchos años. Hasta hoy, que trabajo como maestra de música.

Cargada con el tambor, la flauta y el violín, parezco una mujer orquesta. Con mis compañeras, me dirijo hacia la estación de tren para volver a casa. Por el camino vamos haciendo bromas y riendo a carcajadas, pero nada logra distraerme de andar buscando en las caras de los hombres y las mujeres con que me voy cruzando la posible fisonomía de quienes fueron mis padres, a los que debo este cuerpo que recorre Bombay y seguramente algo más. Los imagino en todos los rostros. Se trata de un acto reflejo que no puedo evitar cuando ni tan sólo sé lo que busco. Todo esto son suposiciones: las facciones que realmente distingo con nitidez son las de mis padres, que me esperan en Barcelona igual que me esperaban hace veinte años.

Martes, 5 de noviembre de 1974
Querida Asha, los días pasan volando. Hoy hemos
ido por primera vez al colegio contigo. Mucho antes

de que vinieras, ya habíamos hablado con la directora, la señora Bofill, y nos dijo que no había ningún impedimento para que fueras, pero que querían conocerte antes de que te incorporaras a la escuela. Y así lo hemos hecho. Hemos ido hasta Sarrià y hemos entrado juntos en el que será tu nuevo colegio. Te has mostrado muy extrañada; menos mal que no te has puesto a llorar. ¿Cómo puedo explicarte que es necesario que vayas al colegio? Era la hora del patio y al ver tantos niños corriendo, saltando y chillando, te has agarrado fuerte a mi mano y has puesto cara de pánico. Debías de pensar que aquello era un internado y que te íbamos a dejar allí. No debes tener ningún miedo, nunca te dejaré sola, únicamente los ratos imprescindibles para que crezcas como cualquier otro niño.

La señora Bofill te ha saludado y parece que te has calmado un poco. Nos ha propuesto que empieces cuanto antes, así que mañana ya te quedarás. De momento, los primeros días sólo vendrás por la mañana para que vayas cogiendo confianza.

Miércoles, 6 de noviembre de 1974

Como todos los padres, hemos vivido contigo el doloroso momento de dejarte por primera vez en la es-

cuela. Bueno, lo ha pasado tu padre, porque ha sido él quien te ha acompañado. Yo me he quedado en casa con tu hermana pequeña. He pensado en ti toda la mañana. Me preocupaba cómo te portarías, cómo hablarías con tus nuevos compañeros si aún no sabes ni una palabra en catalán, cómo se haría entender la maestra... Tu padre me ha dicho que te has quedado llorando. Pero, a mediodía, cuando ha ido a recogerte, la maestra le ha dicho que el disgusto se te había pasado enseguida y que te habías puesto a jugar y a dibujar con los demás niños. Al llegar a casa, te has lanzado a mis brazos como el día en que llegaste.

Antes de acostarte te recuerdo que mañana cumples siete años. Ya sé que no me entiendes, pero todo se va encarrilando. Tú ya vas al colegio y yo dispongo ahora de algo más de tiempo.

Jueves, 7 de noviembre de 1974

Esta noche, a pesar de haberte deseado felices sueños, has dormido muy inquieta y te has despertado varias veces. Los primeros días de colegio deben de haberte trastornado, pues últimamente ya dormías seguido. Como no sabíamos qué hacer para tranquilizarte, de madrugada ya hemos em-

pezado a celebrar tu cumpleaños. Te vas haciendo
mayor, Asha, y pido poder estar a tu lado muchos
años para verte crecer sana y feliz. Igual que el día
del cumpleaños de tu hermana, hoy he pensado en
tus padres; los padres que te han dado este cuerpo,
esta sonrisa, la piel morena. Si te pudieran ver por
un agujero... se alegrarían mucho de ver que estás
bien. A veces me pregunto a quién debes de pare-
certe: la cara de tu madre, los ojos de tu padre, y
esa naricilla... Cuando seas mayor, tú misma bus-
carás el origen de tus facciones, de tu cuerpo; bus-
carás explicaciones a aquello que has recibido por
herencia. [...]

Tanto para tu padre como para mí, el día de tu
cumpleaños siempre será el 27 de octubre, el día en
que llegaste a Barcelona y que naciste para nosotros.

Como puedes ver, la jornada ha empezado agi-
tada. Después de la ducha, te he puesto un vestido
muy bonito para ir a la escuela. Hoy la cartera iba
repleta de caramelos. Estabas radiante y has com-
prendido que todos aquellos caramelos eran para
repartir entre los compañeros de clase.

Por la tarde hemos celebrado una fiesta en casa
con la familia y los vecinos de la escalera. Como
viste que Fátima soplaba las velas de la tarta el día

de su cumpleaños, también has querido soplarlas...
tú sola. Otra primera vez en tu vida.

No has querido cenar y hoy te lo he perdonado.
Te has ido directa a la cama y en cuanto has rozado
las sábanas te has quedado dormida como un tronco.

9

MONOS EN LA CARA

Mañana hará tres semanas que llegamos a Bombay. Parece que llevemos más tiempo. Van transcurriendo los días entre el colegio, la vida en casa con la familia, las visitas a la cooperativa de mujeres y, entre una cosa y otra, los paseos por esta caótica ciudad. El runrún de las calles siempre atestadas de gente arriba y abajo no me deja ni oír mis propios pensamientos. Todos mis sentidos están desbordados grabando imágenes, percibiendo aromas, colores y músicas. Por un momento me detengo en medio de una calle cualquiera y a mi alrededor tengo todo un mundo: mujeres atareadas con sus fardos, un *rickshaw* que se abre paso entre la multitud, un niño que lleva sobre la cabeza racimos de plátanos que hacen más bulto que él, un alocado en bicicleta a toda pastilla, el que lleva la bandeja de los tés... Y también veo infinidad de ojos que se clavan en mí.

En Barcelona soy diferente por el color de la piel, por el

pelo, las facciones, pero como lo he vivido desde pequeña ya
estoy acostumbrada y no me fijo en si me miran o me dejan
de mirar. Con el paso de los años, he asumido ese papel, el
ser diferente. Pero ahora resulta que aquí también tengo
monos en la cara. Me miran perplejos. Tenemos en común la
piel y los rasgos físicos, pero, por lo que parece, no acabo de
encajar. Hay personas que me paran por la calle y me piden
que les indique una calle o una tienda y se extrañan de que
no les entienda. Deben de pensar: ¿de dónde ha salido esta
que no entiende el maratí?

Dentro de la intranquilidad que arrastro, me siento obligada a resolver una cuestión más que me inquieta. ¿De qué
casta soy? Sí, ya sé que el sistema de castas está abolido, pero
en la práctica sigue funcionando y ello los condiciona a acceder a según qué trabajos, a establecer relaciones personales
e incluso a casarse entre los miembros de una misma casta.
Por el hecho de desconocer adónde pertenezco exactamente,
no me gustaría dirigirme a alguien a quien no me esté permitido o meter la pata del modo más absurdo. Así, hablo con
unas chicas indias que trabajan para la organización con la
que colaboramos los de Setem y les pido que me aclaren de
qué casta soy. De entrada se dan un hartón de reír.

No obstante mi intención de no desentonar, de pasar lo más inadvertida posible y sin molestar a nadie, resulta que la he pifiado y no sé ni cómo lo he hecho. Cuando logran acallar sus risas me dicen que no soy de ninguna casta porque no soy de India. Que sí, que he nacido aquí y he vivido una parte de mi infancia. Les explico que sólo quiero saberlo para poder comportarme con toda corrección. ¡Qué ingenua!

En un tono ya más serio me comentan que no me queda nada de india. «Tienes la piel oscura, eso sí, y los ojos y el pelo muy negros, tienes la nariz y la boca como nosotras, pero tus rasgos se han occidentalizado. Sólo tenemos en común el aspecto físico, y aún. No caminas como una india, no miras como una india, no gesticulas ni te mueves como una india. Nosotras te vemos como una europea más; por lo tanto, no debes preocuparte por descubrir adónde perteneces».

Realmente debo de ser muy ingenua, porque no esperaba esa respuesta para nada. En los días que llevo en Bombay ya he ido notando que me miran y me tratan con extrañeza, como si no supieran muy bien si soy de aquí o si se preguntaran de qué planeta he caído, no saben cómo clasificarme, pero resulta muy decepcionante que te digan con tanta crudeza que aquí no pintas nada. Es doloroso haberlo perdido todo.

Antes de venir, pensaba que cuando pusiera los pies en el país me sobrevendría un sentimiento patriótico y sería más india que nadie. No ha sido así ni mucho menos, pues aunque me reconozco en muchas de las cosas que veo, otras me indignan profundamente. Ahora bien, supongo que soy yo misma quien tiene que ir encontrando su sitio, y tal vez admitir que no soy de ningún lugar y sí un poco de todas partes.

Sigo paseando por esta caótica ciudad y se me vuelven a clavar las pupilas de la gente con que me voy cruzando. Cada tramo recorrido es una sucesión de radiografías. Visto *salwar kameez* y llevo el peinado que me ha hecho Kamal antes de salir de casa, todo para adaptarme al entorno, pero lo que no puedo gobernar es la mirada y los movimientos. También me cruzo con sonrisas de reconocimiento. Como siempre, todo es una mezcla, dolor y alegría, aceptación y rechazo. Por lo menos, lo curioso es que, buena o mala, ninguna experiencia me deja indiferente. A medida que voy conociendo la verdad sobre mí misma, las piezas que me conforman como persona se van colocando donde les toca.

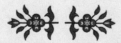

Mis primeros días en Barcelona consistieron en familiarizarme con muchas cosas nuevas para mí. Lo primero fue ir con mi madre a comprar ropa de abrigo porque la que traía de India, a pesar de haberla comprado ex profeso, no servía para el invierno que se acercaba. En cuanto a los jerséis, faldas y pantalones, todo me lo ponía contenta, pero con los zapatos ya era otra historia. Sólo me los ponía por la calle y en cuanto llegaba al recibidor de casa, volaban cada uno por un lado. Lo que sí era un auténtico drama era sentarse a la mesa para comer. No me gustaba nada porque estaba acostumbrada a una dieta que no se salía del arroz, las lentejas y algunas verduras. Mis padres sufrían porque me veían muy delgada, querían alimentarme como fuera y no había modo de que obedeciera.

Pese a este tipo de anécdotas, mi adaptación fue muy rápida y muy natural. En una semana ya iba al colegio. Como no sabía ni leer ni escribir, ni catalán evidentemente, con siete años me pusieron en la clase de los de cinco. Allí era la reina del mambo porque las manualidades y los dibujos me salían a la perfección. El primer dibujo que hice lo colgaron en el vestíbulo y todos los niños fueron a verlo. Este detalle y muchos otros hicieron que me sintiera muy querida y muy bien recibida. Al incorporarme al colegio con el curso iniciado, mi llegada, con el añadido de que era india, fue todo un revuelo.

Sin apenas darme cuenta, al cabo de tres meses ya hablaba catalán. Tiene su punto mágico pensar con qué facilidad se

puede aprender un idioma cuando somos niños. Y no fui la
única en cambiar de lengua. Mi madre es de Zamora y fue a
vivir a Barcelona a los cinco años. Siempre había hablado en
castellano, también con mi padre. Pero cuando mi llegada ya
era inminente, los dos decidieron que el catalán sería el idioma de casa y mi madre hizo el esfuerzo de aprenderlo al
mismo tiempo que yo.

Para Navidad ya me había aprendido incluso un villancico
y lo canté en la misa del gallo de Vilanova de Prades, el
pueblo de mi padre. Era una noche helada y la iglesia estaba
bastante llena. En un momento dado, mi padre me hizo una
seña y, muy abrigada, me coloqué a su lado y delante de
todos canté un villancico que habla de la Virgen cuando era
pequeña. Todo el pueblo se emocionó, hubo incluso quien
derramó algunas lágrimas al ver aquella niña, pobrecita, que
había venido de la otra punta del mundo y... mira qué bien
que lo hace, y fíjate... si ha aprendido catalán en cuatro
días. Parece ser que hasta se me entendía la letra de la
canción.

Viernes, 22 de noviembre de 1974
Asha, hija, cada día aprendes palabras nuevas, y nos
sentimos muy afortunados de poder participar de tus
descubrimientos. Ya nos vamos entendiendo y eso
facilita las cosas. Esta sensación es nueva. Bueno, el

*día que llegaste también la tuvimos, pero sólo duró
un instante. No sé si te lo he contado. Aquel día, tu
padre te iba persiguiendo por todo el piso con un
diccionario para descifrar lo que decías. Nada so-
naba a inglés, pero él insistía. Finalmente, en medio
de tu parloteo, dijiste «put on TV», y tu padre pegaba saltos de alegría porque te había entendido.
Esa es la sensación que tenemos ahora que empiezas
a decir palabras en catalán. Había leído que los
niños tienen mucha facilidad para aprender idiomas
y ahora lo estoy constatando. En cambio, yo voy a
paso de tortuga.*

*La noticia del día es que hoy has empezado a
aprender a tocar el piano. Como siempre que empiezas algo nuevo, has llorado. Te he sentado en el
taburete y te he cogido los dedos uno por uno hasta
completar la escala. Ya verás qué bien te saldrá. No
quiero que jamás te sientas en inferioridad de condiciones respecto a los otros niños y niñas de tu edad.
Haré lo posible por que recuperes el tiempo perdido.
Y en tu aprendizaje siempre nos tendrás pendientes
de ti para todo lo que precises. Tu padre y yo pensamos que lo que uno desea sólo se consigue con
constancia... pero ¿qué te voy a contar?... si tú
tienes una familia gracias a tu tozudez.*

10
INYECCIONES Y PELÍCULAS

Estoy delirando. Llevo demasiados días arrastrando este resfriado, y tanta tos y dolor de garganta no podían ser normales. Seguí yendo al colegio, pero notaba que me faltaban pilas para llevar adelante las actividades con la energía que normalmente deposito en todo lo que emprendo. De entrada no hice mucho caso, a pesar de que la primera noche me la pasé tosiendo y de vez en cuando tenía que incorporarme porque me ahogaba. Pero ha aparecido la fiebre y no me hace ninguna gracia. Nunca apetece ponerse enfermo y menos si se está lejos de casa. Ha llegado un punto en que no me puedo levantar porque el termómetro no baja de treinta y nueve. Me quedo en cama; ya llevo tres días enclaustrada, con el cuerpo molido, hirviendo por la fiebre y durmiendo a trompicones. Estoy para el arrastre, se me clavan los travesaños que sostienen el colchón y ya no sé cómo ponerme. Las compañeras están muy pendientes de mí, me traen antibióticos y jarabe para la tos, y Kamal me prepara zumos de limón y unas infusiones que se supone que son milagrosas.

Entre la fiebre que sube y baja, el malestar general, las carreras al lavabo por culpa de las diarreas y que no he logrado dormir seguido, esta madrugada he empezado a perder la noción de la realidad. Puede que sólo se trate de un catarro muy fuerte, como dicen las chicas, aunque me da la sensación de que se está resistiendo demasiado a las medicinas y empiezo a pensar que puedo haber pillado una enfermedad grave.

Eso no puede ser, es imposible, porque antes de salir de Barcelona me puse todas las vacunas necesarias y he tomado la medicación. Trato de ser positiva y no perder el norte, pero lo cierto es que se me están haciendo muy duros estos días lejos de las personas a las que quiero.

Me siento muy sola. Las chicas se pasan el día fuera, entre el colegio, las clases de yoga y sus paseos. Kamal me prepara arroz hervido y me va cambiando los paños húmedos que me coloca en la frente, pero ella ya tiene bastante con encargarse de su familia. Se pasa el día atareada, no para. El único momento en que reduce el ritmo es por la noche, antes de acostarse, cuando se permite el lujo de sentarse y fumar pasta de tabaco mientras ve la tele. Quien me hace más compañía es la pequeña Ibuthi. Se sienta en la cama, a mi lado, y hace dibujos de colorines que después me regala para que me encuentre mejor. Es un encanto de criatura. La miro y pienso si mis hijos serán como ella.

Tengo la sensación de que la vida se me va y de que no voy a poder despedirme de nadie. Me aferro a las páginas del diario que estoy escribiendo, que serán el único testigo de todo lo que he vivido este mes de agosto en India. En las tapas de la libreta pegué un sobre con dos fotografías que ahora necesito tener cerca. Mientras preparaba la mochila para el viaje, rebusqué en los álbumes de fotos y encontré una de mis padres en la que habían quedado estupendos, con aquella serenidad que desprenden sus miradas. También escogí una de Fátima, está guapísima. Pensé que me harían compañía y me darían ánimos si me hundía o si los echaba de menos. Y así ha sido, en estos momentos que se me hacen tan duros me reconforta tenerlos cerca. Me comunico con todos ellos por medio del diario porque si les llamara y les contara cómo me encuentro los haría sufrir, y eso es lo último que deseo. Ahora están de vacaciones en Vilanova de Prades: calor de día y una manta por la noche. Mi padre habrá ido a buscar agua a la fuente, mientras mi madre riega el jardín y Fátima practica al piano. Quizá vayan de paseo por el bosque...

Ahora que tengo un poco de aliento y la mente medio despejada, cojo la libreta y escribo unas líneas que me sirven para despedirme, para dejar constancia de que he pensado en los que me quieren y me lo han dado todo. A pesar de la distancia, los tengo muy presentes. Siento que me estoy muriendo y ante mis ojos, mezclada con los delirios de la fiebre, pasa una película. No es la película de mi vida, como dicen que les sucede a los moribundos, sino más bien un documental en blanco y negro de todo lo que he aprendido en este viaje y aún no he digerido. Por orden de aparición, en primer lugar tenemos al padre Ribas, que con sus palabras me zarandeó de tal modo que he sido capaz de mirar a mi alrededor con unos ojos que han tratado de imprimir sensaciones y conocimientos sin entrar en valoraciones.

Es un ejercicio costoso y no siempre se alcanza el objetivo, no resulta fácil mostrarse comprensivo ante determinadas concepciones de la vida. He intentado acercarme a la espiritualidad tal como la viven aquí, en el sentido de quitar trascendencia a la vida y la muerte, porque una es consecuencia de la otra y viceversa, como la pescadilla que se muerde la cola. Percibirlo como una experiencia ajena es muy alentador, pero asumirlo una misma, tal como me encuentro, resulta muy complicado. Si no se cree firmemente en ello, no hay más que dudas y cuesta ver claro que no hay que preocuparse porque después de esta vida hay otra.

En mi documental también hay escenas en que intervienen los compañeros del grupo y aparece todo lo que hemos aprendido en los campos de trabajo. El colegio y la cooperativa: los niños y las mujeres, siempre los más desfavorecidos en todo el mundo. Nos han transmitido las ganas de vivir y la energía que sacan de donde sea para salir adelante. Y un papel destacado para la madre Adelina, que ha dado luz y forma a muchos recuerdos confusos que me han acompañado a lo largo de todos estos años. Es como una despedida. El escribir el diario me da mucha tranquilidad porque, si pasa algo, dejo constancia de que he pensado en todas las personas que han sido determinantes en mi vida y que no les he fallado.

Hasta ahora me he armado de paciencia pensando que la tos y los temblores se me pasarían deprisa, pero a mí la fiebre nunca me dura tantos días y he pedido un médico. He amenazado con no comer si no viene pronto.

Miércoles, 27 de noviembre de 1974
Hoy hace un mes que llegaste a casa. ¡Cuánto has
cambiado en tan poco tiempo! Ya vas comiendo
mejor, aunque de vez en cuando aún haces ascos...
Ya empiezas a tener tus triunfos personales, como el

precioso dibujo que hiciste en el colegio y que todos han admirado. Y ya empiezas a hacerte entender... Y todo es porque pones mucho interés.

Hoy también has logrado un triunfo, y en cuanto ha vuelto tu padre de trabajar se lo hemos enseñado. Te ha salido la escala musical al piano con las dos manos. Al verte, a tu padre se le caía la baba. Sentada en la banqueta, nos observabas y has sabido que nos hacías felices. ¡Eres un sol! Todavía no puedes entender lo que la música significa para nosotros, nos ha unido mucho y esperamos que en un futuro tú también la ames. A tu padre le habría gustado dedicarse a ella. Yo, de pequeña, estudié solfeo y violín en el conservatorio. [...] Cuando conocí a tu padre, motivada por él, volví a estudiar y a tocar el violín.

Estoy convencida de que cuando te vayan saliendo melodías, pensarás que el esfuerzo vale la pena. Además, nos hemos dado cuenta de que tienes mucho ritmo. Cuando tu padre toca, te pones a bailar y lo haces bastante bien. Se queda embelesado con vosotras, os hace fotos, os graba cuando habláis o jugáis... eso cuando no está pegado a la máquina de súper 8: filma películas, les pone música, rótulos...

*Estamos viviendo unos momentos muy enriquece-
dores y creativos.*

Por fin ha venido Pushpa a visitarme. Cuando le he contado los síntomas y los días que llevo con este malestar, ha dicho que seguramente he cogido la malaria. Me parece improbable, sobre todo porque me he tomado las pastillas y he tenido en cuenta todas las precauciones. Pushpa es médico en un centro de acogida de enfermos que han sufrido accidentes laborales y precisan asistencia. La semana pasada fuimos a visitar el centro con el grupo y ella nos hizo de guía. Ahora con ella me siento a salvo de remedios caseros. Pushpa me ha hecho poner una camisola y me ha ayudado a subir al jeep para ir al hospital. ¿Malaria? Mientras conducía, le he formulado todas las preguntas que se me han ocurrido. Las ha respondido sin dramatismo y me he tranquilizado un poco. Me ha contado que algunas personas, a pesar de haber tomado la medicación, contraen la malaria. Hemos aparcado delante del hospital y para caminar me he tenido que apoyar totalmente en ella, pues me siento tan débil que no puedo dar dos pasos seguidos con seguridad.

La entrada al hospital ha sido de película, y no en un sentido metafórico. Empujamos la puerta y ante nosotras había una grúa con una cámara. El suelo estaba lleno de cables, de raíles para deslizar las cámaras. No me he atrevido a levantar la vista del suelo porque los focos me deslumbraban. Actores y actrices disfrazados de médicos y enfermeras han transformado en un gran barullo el silencio característico de un hospital. ¡Lo que nos ha costado distinguir el pasillo que nos conduciría hacia un médico que no llevara colgando un fonendo de juguete! Dos puertas contiguas lucen el mismo rótulo: urgencias. Pushpa ha abierto la primera y ha resultado ser otro plató. ¡Por poco no aparecemos como extras! El segundo intento nos ha llevado a una sala de espera real y enseguida me han tumbado en una camilla.

El doctor que me visita suelta una retahíla de preguntas. Pushpa lo ha tenido que frenar y explicarle que no entiendo el maratí. Se ha quedado anonadado. Por un momento me da la impresión de que no nos toma en serio, como si nos hubiéramos escapado de la película de al lado. Una vez aclarado el entuerto, el médico coincide con Pushpa y decide hacerme la prueba de la malaria. A la media hora, traen los resultados del laboratorio. La prueba ha dado un resultado negativo, pero, como no es fiable al cien por cien, no se puede descartar que sufra la enfermedad. Conclusión: me recetan un montón de inyecciones y pastillas.

Pushpa decide que debo estar bien atendida y me lleva a la residencia donde trabaja. Así pues, me instalo con las monjas, en una habitación para mí sola. Hay unas cuantas que son españolas; me dan conversación... y me preparan una sopa riquísima. Por la mañana y por la noche, Pushpa viene a ponerme las inyecciones. En el centro hay enfermos con graves secuelas de los accidentes laborales que han sufrido y se respira un ambiente muy triste. Aunque me siento como una moribunda, soy consciente de que me cuidan muy bien y tengo la esperanza de que los medicamentos hagan pronto su efecto.

Viernes, 20 de diciembre de 1974
Hoy has terminado el colegio y has salido contenta
como siempre y cargada con una carpeta llena de
ejercicios. Has avanzado mucho: dibujas las letras
con toda corrección y también has aprendido los
números. Hemos repasado los deberes uno a uno. Te
sientes muy orgullosa.

Hemos hablado con la directora de tu aprendizaje
y, como vas muy bien, nos ha dicho que el próximo
trimestre puedes cambiar de clase y pasar a primero.
Asha, pronto atraparás a los de tu edad. En la es-
cuela están contentos contigo y nosotros también.

Dicen que te has adaptado muy rápidamente y que pones mucho de tu parte. A partir de ahora el nivel será más alto, o sea, que no nos podemos dormir. Pero empiezan las vacaciones de Navidad y reduciremos el ritmo. Aprovecharemos el tiempo para hacer otras cosas.

11
NASIK

La enfermedad me ha abatido tanto que no me siento con fuerzas de hacer el trayecto de cinco horas hasta Nasik. Pushpa me acaba de poner la inyección y me ha dejado hecha puré. De pie, me canso enseguida, y tengo el trasero tan dolorido que no sé ni cómo sentarme. Creo que lo mejor será que me quede aquí y me recupere completamente. Después de desayunar, parece que me animo un poco, y entre la insistencia de las monjas que me cuidan y la de la gente del grupo, saco fuerzas de flaqueza para emprender el camino. Debo ir. ¿Cómo puedo estar tan cerca de Nasik y no ir? Nasik, la cuna de mis primeros balbuceos, es una etapa ineludible en este aprendizaje, allí están aquellas piezas del rompecabezas que todavía me faltan. Tal vez resulte ser simplemente una excursión, pero siento la necesidad de llegar hasta el final. Es mi última semana en India y creo que tiene que ser ahora o nunca, quién sabe cuándo se me volverá a presentar la oportunidad de ir a Nasik. La misma determinación que me hizo subir la escalera de caracol y pedir unos padres ahora me lleva a llenar unos vacíos que me han atribulado siempre: ¿Quiénes fueron mis padres? ¿Por qué fui a parar a un orfanato? ¿Tengo más hermanos? Del mismo modo que a menudo doy gracias por la segunda vida que se me ha regalado y me pregunto por qué fui yo la elegida, por qué merecí ese privilegio entre tantas criaturas, también me pregunto con gran dolor por qué me abandonaron, por qué no quisieron quererme. El silencio que hasta ahora siempre he obtenido como respuesta tal vez en Nasik sea elocuente.

Esperanzada y a la vez inquieta, voy a mi habitación, me visto con el *salwar kameez* naranja y lila, me pinto la raya negra de los ojos, meto cuatro cosas en la mochila y subo al jeep.

Las monjas se alegran de verme tan animada y me cuentan lo asustadas que estaban al verme llegar tan débil y con aquella fiebre tan alta. Pushpa me ha preparado un paquete con los medicamentos y las inyecciones para los dos días que estaré fuera. Tendré que encontrar a alguien que las sepa poner.

Al subir al jeep me reencuentro con el grupo que vino desde Barcelona. Hacía muchos días que no estábamos todos juntos y tenemos que ponernos al día de las aventuras que nos han ido sucediendo. De entrada se muestran muy atentos conmigo y, para que no me maree, me han reservado el asiento al lado del conductor, Divaker, un joven muy alegre. Tengo la fuerza interior para lo que haga falta, pero el cuerpo no me acompaña, estoy molida e intento que los gemidos no salgan al exterior.

Nasik está a 184 kilómetros de Bombay, pero por estas carreteras tan terribles el recorrido se hace eterno. A ambos lados del asfalto, los coches y camiones destrozados dibujan un panorama nada alentador. Ya nos habían comentado la cantidad de accidentes mortales que se producen en esta ruta. Entonces no presté demasiada atención, pero ahora me estremece verlo con mis propios ojos. Divaker va cantando y haciendo bromas, pero la verdad es que yo voy sufriendo, porque me siento muy floja, porque no sé con qué me voy a encontrar y... porque conducen como locos.

A medida que nos alejamos de la gran ciudad, el verde se vuelve cada vez más intenso y las montañas adoptan formas muy caprichosas. El último tramo consiste en serpentear un puerto de montaña muy escarpado, curvas y más curvas hasta llegar al llano de Nasik: prados y arrozales.

Aparte de mi búsqueda personal, el objetivo de haber viajado hasta Nasik es visitar otro de los campos de trabajo. Está en Dindori, muy cerca de Nasik, y el proyecto consiste en construir unas pequeñas acequias para acumular el agua de los monzones y aprovecharla en la estación seca. El hecho de disponer de agua muy abundante pero sólo en determinados momentos del año condiciona los cultivos y, por lo tanto, el modo de vida.

La tierra no puede absorber toda el agua que proporcionan las lluvias monzónicas y se pierde gran cantidad, que va hacia los ríos y el mar. Así, para lograr el máximo aprovechamiento de una cuenca hidrográfica se construyen esas acequias, desde las que se bombea el agua hacia los niveles más elevados. Con esta técnica se evita buena parte de los efectos de la erosión, se garantiza la reserva de agua hasta el próximo monzón y se favorece el cultivo de arroz, que requiere mucha agua en poco tiempo.

En este campo está trabajando el grupo que ha venido de Mallorca y Menorca, y al frente del proyecto está Perico Massanet, un jesuita mallorquín instalado en Dindori desde hace mil años y que ha dedicado todos sus esfuerzos a hacer posible una explotación de la tierra de manera cooperativa y ecológica. Junto a sus colaboradores y la gente del pueblo, ha conseguido montar una pequeña red de peritos agrónomos. Entre todos van aprendiendo nuevas técnicas, intercambian experiencias, y la organización concede préstamos sin interés a quienes trabajan la tierra para poner en marcha más plantaciones.

Perico Massanet nos ofrece su casa, en Dindori, para

pasar la noche. Una vez hemos distribuido el espacio de modo que quepamos todos, llamo al convento de Nasik para avisar de mi visita. Todo está listo, me esperan mañana, pero ahora subimos de nuevo al jeep y desde Dindori nos dirigimos hacia una aldea vecina, Yambucke, donde se celebra la fiesta de la *pola*. Es una fiesta de agradecimiento a las vacas por su ayuda en las labores del campo. Las adornan, les pintan el cuerpo con los dedos untados y en los cuernos les hacen dibujos con colores chillones. Por la explanada van desfilando vacas y más vacas, no se acaban nunca. El pueblo entero ha salido a recibirnos, y sin darme cuenta me he convertido en el centro de atención. Todos me miran, me dicen cosas que no entiendo, pero por el tono comprendo que se trata de muestras de afecto. Una vez más, soy y no soy de aquí, el eterno conflicto entre cómo me ven y cómo me siento. Verdaderamente estoy muy orgullosa de pertenecer a esta tierra.

Tras un primer momento de desconcierto, el hielo se ha roto y enseguida todos nos quieren invitar a tomar té. Un hombre que parece ser el jefe del pueblo nos lleva hacia su casa, nos sentamos en el porche y nos ofrece té, toda una declaración de amistad. En este entorno tan acogedor, sorbemos el té humeante y la puesta de sol pone la música. Las casas de barro absorben el rojo y el cobre de los rayos de sol. Abro al máximo los pulmones para hacer un suspiro enorme que dé cabida a tantas sensaciones... que me evocan un pasado borroso, que son ciertas porque son mi presente y que ya me acompañarán para siempre.

En el jaleo de la fiesta en la plaza, una niña se ha acercado a mí, me ha cogido de la mano y no nos hemos separado en todo el rato. No decía nada, sólo me miraba fijamente y sonreía, como si nos conociéramos de toda la vida. Me ha hecho sentir como en casa, pero sus amiguitas se han puesto celosas.

Mientras van pasando las vacas y los pastores se empeñan en que saluden, los chicos de la aldea parten cocos y los van repartiendo. Como no se puede rehusar ningún ofrecimiento, se me acumula una montaña de trozos de coco y no doy abasto. Paseo de un lado a otro de la plaza y delante del templo, sin darme cuenta, subo a una piedra para ver el ambiente. ¡Ahora sí que he metido la pata hasta el fondo! Todos me miran extrañados y es que se trata de la piedra que utilizan para las ofrendas. ¡Tierra, trágame! Con gestos pido perdón como puedo. En unos instantes ya nadie piensa en ello: creo que han disculpado mi ignorancia.

De vuelta a Dindori sale un voluntario para ponerme la inyección que me toca: Eduard, que es veterinario. Me quedo de piedra y sólo se me ocurre que no soy ni una vaca ni un caballo, me da pánico que me clave la aguja, pero no me queda otro remedio que fiarme de él. La operación va bien, sin ninguna complicación. A cenar y a dormir, que mañana me espera un día que a buen seguro no olvidaré jamás. En cuestión de horas me encontraré donde nací. No existe adjetivo alguno que califique los nervios que siento.

A primera hora de la mañana y tras pasar casi toda la noche en vela, Toni, un compañero del grupo, se ofrece a acompañarme a Nasik porque me ve algo frágil para ir sola. Lo cierto es que me encuentro muy recuperada físicamente y con gran ilusión de volver a mi ciudad y de visitar a las monjas que me cuidaron hasta los tres años. Despuntan los primeros rayos del sol y el autobús ya está hasta los topes de personas y animales de todo tipo.

Y llegamos a Nasik. Parece mentira pero ya estoy en Nasik. Ahora sí se me han pasado todos los males y nada más poner los pies en el suelo me da la sensación de que va a venir a saludarme alguien que me resultará familiar. La emoción, los escalofríos que me recorren la columna, todo es tan intenso que no sé si reír o llorar. Finalmente suelto una carcajada nerviosa: me río de mí misma.

Nasik es una de las ciudades sagradas de India, punto de peregrinación. Siglos y siglos atrás, los dioses y los demonios, enfrentados por conseguir una jarra (*kumbh*) que contenía el néctar de la inmortalidad, unieron sus fuerzas para rescatar la jarra del fondo del mar. Una vez la jarra llegó a tierra firme, Vishnu la cogió y huyó. Tras doce años de batallas, los dioses vencieron a los demonios y bebieron el néctar. En la lucha se derramaron cuatro gotas del preciado líquido, en Allahabad, Hardwar, Nasik y Ujjain. De ahí procede su condición de ciudades sagradas y cada tres años una de las cuatro celebra la feria de la jarra (*mela kumbha*).

Tengo la suerte de haber nacido en una ciudad sagrada. Seguro que me ha marcado de algún modo, como el nombre que me pusieron. Asha significa esperanza y deseo. Creo que cuando te ponen un nombre, te están dando una pista de lo que será tu vida y unos elementos para poder enfocarla. El deseo y la esperanza siempre han estado presentes en mi trayectoria.

Las imágenes que tantas veces he visto en fotografías y documentales del río sagrado por excelencia, el Ganges, están ahora ante mis ojos, hechas realidad en el Godavari. El Godavari cruza Nasik y en sus orillas escalonadas se erigen templos y santuarios.

En el río, unas mujeres lavan la ropa, otras se bañan con sus saris para recibir el efecto purificador de las aguas. Justo allí están las piras funerarias y, como en el Ganges, arrojan las cenizas al río. No paro de tomar fotos para conservar un recuerdo de cada imagen, de cada momento. Confío en que en el diario que escribo a ratos queden grabadas las emociones que me provoca todo lo que estoy viendo, los olores, las músicas, el agua, la tierra. Así, cuando pase el tiempo, las podré revivir.

A pesar de la pobreza tan patente en todas partes, se respira una vida más digna que en la superpoblada Bombay. El ritmo es más pausado. Suerte que la enfermedad finalmente no me ha impedido hacer el trayecto porque ahora que me encuentro en mi tierra creo que jamás me habría podido perdonar el no haber venido.

Cruzamos el río y llegamos a la plaza del mercado. A un lado de la plaza están los puestos de frutas, verduras, especias y telas. En el otro hay dos cisternas con agua del Godavari: una para lavar la ropa y otra para los rituales de la vida y la muerte. Los hombres rezan sus oraciones. Las mujeres lavan las sedas luminosas y las extienden en el suelo para que se sequen. Ponen una piedra en cada extremo para que no vuelen y conforman un mosaico de mil y un colores. Los niños juegan a pillar.

Toda la vida de la ciudad pasa por esta plaza. La cisterna de agua sagrada refleja el ciclo de la muerte, la vida y de nuevo la muerte como un hecho cotidiano. Las gentes se bañan en las aguas que han recibido las cenizas de los muertos y así reciben la vida espiritual, la vida del cuerpo y del alma.

Como persona creyente, aquí he cambiado muchos de los conceptos que tenía fijados por pura inercia. Entiendo la religión de una manera más amplia, más espiritual y más sincera que dogmática. Pienso en el padre de la familia que nos acoge en Bombay. Naresh nunca va al templo, reza sus plegarias en la cocina. Dios está en todas partes, por lo tanto con sólo mirar al cielo o tener un bonito pensamiento se puede establecer una comunicación muy estrecha con el dios de cada uno.

Por fin llegamos al convento. Es un oasis de paz, lleno de árboles frondosos y vegetación abundante por todo el jardín, de un verde muy intenso. El silencio contrasta con el ruido de las calles de Nasik. Una arcada da la bienvenida, la cruzo y me adentro por el camino que lleva al edificio, bordeando una fuente. Las monjas me reciben con alegría, me esperaban, y se mezclan en mí el deseo y la realidad: me siento en casa. Era muy pequeña cuando me fui de Nasik y no guardo ningún recuerdo, no reconozco ni a las monjas ni el convento, pero lo que penetra por todos los poros de mi piel me resulta familiar.

Las monjas me hablan en inglés y todas me llaman por mi nombre, Asha, Asha, nuestra pequeña Asha, y una de ellas, incapaz de articular sonido alguno, tiene los ojos inundados de lágrimas. Es la madre Nirmala. Entre besos y abrazos, recupera el aliento: Qué mayor te has hecho... y qué guapa... quién lo iba a decir. Me sorprende su juventud, no debe de pasar de los cincuenta, si es que llega. Debía ser muy joven cuando se hizo cargo de mí y más tarde decidió llevarme a Bombay con la madre Adelina. Es menuda, con unas gafas que le llenan la cara. Al poco rato, me lleva hacia una casita de piedra justo detrás del convento, mi hogar hasta los tres años.

Nos sentamos en un banco del jardín, cerca de un árbol robusto con su columpio. Es como si las flores también supieran que venía y se han vestido con el blanco más puro, el amarillo más alegre, el rosa más chillón y el rojo más rojo. Mientras mis sentidos están desbordados empapándose de todo, la madre Nirmala me mira fijamente. Sin que se lo tenga que pedir, sabe qué he venido a buscar. Con un hilo de voz a punto de romperse en cualquier momento, inicia el relato de mi historia. Sabe que me dolerá y por eso lo envuelve bajo la apariencia de un cuento.

Una tarde bochornosa del mes de noviembre abrí los ojos por primera vez. El país que me veía nacer acababa de ser inundado durante dos meses por las lluvias torrenciales de los monzones y la tierra saciada de agua anhelaba ser penetrada por los primeros rayos de sol. Tras la tormenta, los campos verdecían y, al lanzar al aire su intenso aroma, pedían a gritos ser fecundados de nuevo. En aquellas extensiones de agua enlodada se vislumbraban los tiernos brotes de arroz, de un verde fresco y crudo, señal indiscutible de los primeros latidos de vida. Junto a los cuadriculados aguazales, como una colcha hecha de retazos de diferentes estampados, se erguían unas colinas redondeadas de tono oscuro como los senos de las mujeres que pisan estas tierras húmedas, con un tintineo de campanilla a cada paso. Desde el amanecer hasta la noche oscura, ellas, menudas, insignificantes, con los pies desnudos y paso de gacela, acarreaban los cántaros llenos de agua. Sus vientres morenos, del mismo color que la tierra curtida por el sol, llevaban las semillas de nueva vida. Nuevos retoños, nuevos frutos, nuevos llantos y un torrente inagotable de risas juguetonas.

Todo empezó y acabó en una pequeña ciudad bañada por las aguas purificadoras del sagrado río de la vida y de la muerte. Lugar de peregrinaje que se erige como un imán de atracción sobrenatural, su fuerza ha hecho que Nasik se haya convertido en punto cardinal tanto para mí como para muchas otras personas.

En el momento más bello, cuando se unen en un abrazo la noche y el día, en aquel preciso instante también el gozo y el dolor, la vida y la muerte se encontraron. El testigo de la vida pasaba de una mano a otra. Una se apagaba después de dar el fruto, y la recién llegada reclamaba a empujones su sitio en un mundo que la recibía de forma hostil.

Mi padre, que era campesino, estaba casado por segunda vez, tenía otros hijos del primer matrimonio y en el contexto de la sociedad india ya era mayor, pues rondaba los cuarenta. Al morir mi madre durante el parto, él cayó en la desesperación y no se vio con fuerzas de criarme. Se sentía viejo, sin recursos y tenía que responsabilizarse de los hijos que ya tenía; en definitiva, mi llegada fue un duro golpe para él.

A finales de los años sesenta, Nasik no era una ciudad populosa; era más bien un pueblo grande donde la gente se conocía y, por lo tanto, tenían noticia de los nacimientos que se producían. Como solución a la fatalidad en que se hallaba, mi padre optó por dejarme en un rincón de alguna calle para que me recogiera quien pudiera cuidarme. La primera persona que me encontró me devolvió a los brazos de mi padre con todo tipo de recriminaciones por haber querido deshacerse de mí.

Mi padre lo volvió a intentar y el resultado fue el mismo, porque todo el mundo conocía mi nacimiento y sabían de qué casa procedía. En el tercer intento, fue una monja quien tropezó con aquel ovillo. La historia del viudo que dejaba desamparado a su bebé corrió por todo el pueblo y traspasó los muros del convento. Las monjas localizaron la casa y propusieron a mi padre que, si él no se veía capaz de cuidarme, se harían cargo de mí.

De vez en cuando, una lágrima se desliza por mi mejilla, pero llega un momento en que el relato queda apagado por mi llanto, que fluye sin fin; los sollozos me oprimen el pecho, me falta aire. Por entre los frondosos árboles hace su aparición una monja jovencita con una bandeja. Nos ofrece una jarra de limonada fresca para sofocar el mal trago.

Ahora, por primera vez, sé de dónde procedo, sé que tengo un origen y sé cuál es; hasta el momento mi pasado era un pozo al que tiraba un cubo y nunca volvía lleno. El dolor y el resentimiento que durante años había escondido en un cajón para que no me condicionaran ni me impidieran seguir adelante se concretan de repente en tres abandonos, tres espinas clavadas donde más duele, tal vez en el alma. Pero ahora que llevo muchos días inmersa en esta cultura, tan propia y tan ajena, comprendo la actitud de un hombre hundido que en unas circunstancias nada halagüeñas tiene que asumir la pérdida de su mujer y mi llegada, que, más que una alegría, le representó una pesada carga.

Evidentemente, cuesta entenderlo, pero la madre Nirmala me proporciona herramientas para verlo con ojos indios, en su contexto. Estos hechos han marcado mi existencia; de no ser así, no estaría aquí, descifrando los caminos tortuosos que me condujeron a una segunda vida. En medio del llanto y de los esfuerzos por asimilar tanta información, tantos sentimientos encontrados, también hay un hueco para anécdotas alegres. La madre Nirmala me habla de Johnny, mi amiguito del alma. Me señala el columpio; lo colocaron hace apenas un par de años, y me dice que si el columpio hubiera estado cuando Johnny y yo correteábamos por este jardín, a buen seguro que lo habríamos roto en cuatro días. Éramos muy revoltosos y siempre nos las ingeniábamos para organizar travesuras. Para conseguir una golosina, no parábamos de hacer monerías a las monjas hasta que nos salíamos con la nuestra.

Cuando cumplí tres años, las monjas decidieron mandarme al Regina Pacis de Bombay. Allí podría ir al colegio, me proporcionarían unos estudios y me abrirían puertas para que el día de mañana pudiera volar por mi cuenta. Ni por asomo debieron imaginar que su niña, aquel torbellino que las llevaba por donde quería, levantaría el vuelo tan deprisa y con semejante determinación.

Desde el banco donde estoy sentada junto a la madre Nirmala, contemplo el jardín como si el tiempo se hubiera detenido. Miro los árboles, el columpio que no existía veinte años atrás, las flores... Y me imagino corriendo descalza persiguiendo a Johnny, con aquella gracia que tienen los pequeños al correr. Este es el decorado del primer capítulo de mi vida; es real. Pero las últimas piezas del rompecabezas, las que le darán solidez para que no se desmonte nunca más, se encuentran en la iglesia de Santa Ana, donde recibí el bautismo. Me acompaña la madre Nirmala, también Toni, que no ha dejado de tomar fotos desde el primer momento. Vamos a pie, está a pocos metros del convento, y por el camino me cuenta que ella misma cosió el vestido para mi bautizo, con volantes y lacitos, no le faltaba detalle. Hicieron de padrinos el padre de una de las monjas y la hermana de otra. Después de la ceremonia, hubo incluso pastel. Nos recibe muy afectuosamente el padre Prakaast y saca de un armario el libro de registros. Mientras él rellena la partida de bautismo para que me la lleve, me siento a su lado y voy recorriendo las líneas de mi página.

Fecha del bautismo: 7 de mayo de 1969. Fecha de nacimiento: 7 de noviembre de 1967. Nombre: Asha Mary. Mantuvieron el nombre que me habían impuesto al nacer, al que añadieron Mary para cristianizarlo. Apellido: Ghoderao. Nombre del padre: Radhu Kashinath. Y en la sexta línea mis ojos se vuelven a inundar al leer una a una las letras que forman el nombre de quien perdió la vida al dármela: Shevbai. Le pido al párroco que me pronuncie en su lengua los nombres de los que fueron mis padres. Jamás los habré visto ni podré conservar una fotografía, pero para reconstruir su imagen me servirá la música de sus nombres. Profesión del padre: campesino. Nacionalidad: india. Luego, el nombre de los padrinos y del cura, y el lugar del bautizo: iglesia de Santa Ana.

La niebla que rodeaba mi origen se ha desvanecido. Estoy pisando la ciudad donde nací, sé cómo fui a parar al convento y después a Bombay para volar finalmente a Barcelona. Todos los vacíos se han llenado de palabras e imágenes concretas que expresan mi realidad.

De mi padre apenas me habían hablado. A los pocos años de estar en Barcelona, la madre Adelina escribió a casa para comunicar su muerte. La muerte de mi padre fue la única noticia que tuve de él y, a pesar de no haberlo conocido, de no recordarlo, de que le guardaba rencor, me entristeció mucho. De mi madre sabía aún menos: ¡cómo la he buscado en todas las mujeres con que me cruzaba por las calles de

Bombay! Me fijaba en un sari de seda luminosa, unos ojos penetrantes, un caminar de gacela y quería reconocer alguna familiaridad, que fuera ella por un instante.

En algún lugar tengo hermanos. No sé cuántos, ni si son chicos o chicas, ni qué vida llevan, si tienen hijos, dónde viven, cómo viven. Son los hijos del primer matrimonio de mi padre, pero la madre Nirmala me aconseja que no los busque. No saben nada de mí, nunca se lo han contado y hacen su vida. Ella cree que el hecho de conocerme les desconcertaría, y tal vez tenga razón. Así que no me obsesiono más y doy por concluida la búsqueda del pasado.

12
REGRESO DE INDIA

He tardado siete años en poner orden a las notas del diario para releerlas con calma. A la vuelta de India necesité un par de meses para resituar las emociones y seguir adelante. No fue fácil. Al subir la escalerilla del avión que repetía el trayecto mágico de veinte años atrás, Bombay-Barcelona, iniciaba el camino para digerir todo lo que había hallado en mí, para que cada brizna de dolor y cada chispa de alegría que habían tomado forma en mi India encontraran su sitio en mi interior. Había ido allí como una esponja, dispuesta a absorberlo todo. Y, en efecto, todas las experiencias vividas no han sido en vano, he crecido como persona.

Ahora bien, los cambios no se producen de modo automático. El hecho de llenar vacíos, de encontrar respuestas, me ha llevado a reconocerme, a conformar una identidad mucho más sólida. Ahora que sé que pertenezco a una tierra maravillosa como es India, y no es maravillosa porque todo el mundo lo diga, sino porque en muchos aspectos me he sentido una india más, me gusta formar parte de ella. Desde este presente en orden puedo mirar el pasado y emocionarme, puedo hablar de mi historia, y puedo mirar hacia el futuro y tomar decisiones, que a veces serán acertadas y otras no, pero no nadarán en la incertidumbre. Una de estas decisiones ha sido escribir estas páginas: necesitaba explicarme.

Antes de regresar a India no me sentía preparada para saber de verdad qué significaba ser india, para conocer gente que pudiera hablarme de mi país en primera persona. Siempre acababa preguntándome qué habría sido de mi vida si me hubiera quedado allí, me sentía privilegiada y me sobrevenía un sentimiento de culpa que me impedía encontrar el coraje para recibir más información. Ahora me siento orgullosa de ser una india-catalana y no bajo la mirada ante las personas de mi país, al contrario, existe un reconocimiento mutuo. Además, la mezcla hace que sea como soy. Me he criado aquí, pero tengo cosas de allí, y no sólo los rasgos físicos. Durante la estancia en India me reconocí en infinidad de detalles, como el placer de andar descalza, el aroma del incienso, los colores vivos, la armonía de las flores y las velas.

La vuelta a Barcelona también me abrió los ojos a otra realidad. Existía un grupo de personas que querían adoptar
niños de otros países. Me sentí obligada a explicar mi historia, pues no podía quedármela sólo para mí ahora que ya le
había sacado todo el jugo. Con mi experiencia podía
demostrar que lo que parece muy complicado puede tener
un final feliz. Y me ofrecí a dar algunas charlas a las personas
que iniciaban un proceso de adopción. Los futuros padres
llegaban a la sala donde íbamos a dar la charla con los ánimos por los suelos. Los marean mucho con los trámites y el
proceso es largo. Todo se les hace cuesta arriba y se plantean
muchos interrogantes. Yo trataba de tranquilizarlos, al fin y
al cabo a los padres biológicos les pasa lo mismo: toman una
decisión con toda la ilusión del mundo y después tienen
nueve meses por delante para preocuparse, para tener
miedo, para dejar de tenerlo, para preguntarse si sabrán hacerlo... pero ningún niño viene con un manual de instrucciones, tampoco los adoptados. Muchos temas de los que me
planteaban no tienen una única respuesta, casi nada es
blanco o negro, pero hay uno en el que no transijo: el cambio de nombre. Hay quien se excusa en que quizá les darán
una criatura con un nombre difícil de pronunciar o que
suena raro en nuestro idioma. En mi opinión, no se le puede
cambiar el nombre a nadie. Cuando naces, te dan un nombre
y siempre es por algún motivo. Ese nombre forma parte de

uno mismo, debe acompañarte siempre. Si a mí me lo hubieran cambiado, habría sido un intento de borrar siete años
de mi vida. Estos niños ya se enfrentan a suficientes cambios,
de país, de lengua, de costumbres, como para añadir otro.
La esperanza que esconde mi nombre ha sido mi guía, el impulso que he necesitado desde muy pequeña.

A la hora de adoptar, casi todo el mundo se decanta por
niños muy pequeños. Con el relato de mi caso, trato de que
entiendan que la adaptación de los niños ya mayores no es
un problema insalvable. Estos niños son muy conscientes de
su situación y merecen una oportunidad. También les preo-
cupa el cambio de idioma, y algunos padres enseguida piensan en llevarlos a un colegio internacional. Yo considero que
si tienen que ser niños de aquí, si tienen que estar plenamente integrados en su entorno, la integración debe empezar
desde el primer día, dejando el inglés para más adelante.

La vida anterior ha de quedar a un lado, aunque eso no
signifique un rechazo. Los padres biológicos estarán presentes de algún modo, pero nunca se les debe culpabilizar
por el abandono. Nada de secretos ni rencores. Tal vez sea
difícil encontrar un término medio entre lo que se les debe
explicar sobre su origen y la integración en la nueva familia
con todo lo que conlleva. Generalmente, el propio niño con
su interés o la curiosidad que muestra va marcando el
camino. De pequeña, yo sentía verdadero pánico cuando

veía a personas de India, pues pensaba que me llevarían con ellas. Otros niños quizá no muestren una excesiva preocupación: cada persona es un mundo. Lo que no se debe hacer es forzarlos a olvidar o a recordar más de la cuenta.

El regreso al lugar de origen también suele ser un quebradero de cabeza para los padres. Querrían saber cuándo se tiene que hacer y cómo. Tampoco se les puede obligar. Por encima de todo deben sentir la seguridad de que sus nuevos padres no les fallarán nunca. Cada cual tendrá su momento, o tal vez no les llegue nunca. Yo no me vi capaz hasta los veintisiete años, otros cabe que sientan la necesidad mucho antes, no existe una norma. Mi hermana Fátima, por ejemplo, hasta el momento no ha querido ni oír hablar de volver a India. El dolor al pensar que te han abandonado es muy intenso, no se asimila fácilmente.

A veces, algunos futuros padres adoptivos se preocupan por temas como el racismo o se preguntan cómo van a ayudar a esos hijos en las distintas etapas de su vida. Yo les cuento mis propias experiencias, pero el consejo final es que dejen a un lado las preocupaciones porque en la aventura de amor que inician todo saldrá bien.

Me gustaría que este libro fuera mi pequeña aportación para quien se encuentre en unas circunstancias similares a las que hemos vivido mis padres y yo. Surge de la necesidad de explicarme a mí misma y de poner mi experiencia a disposición de aquellas personas a las que les pueda ser de utilidad. Después de leerlo, tal vez los futuros padres relativicen algunos de los miedos que sienten, y los que ya han formado una familia puede que vean reflejadas sus propias experiencias, o quizá, su historia haya ido por otros derroteros, pero habrá sido igualmente enriquecedora. Por este motivo he escogido algunos fragmentos del diario de mi madre, como contrapunto a mis sentimientos. La historia vista desde el otro lado. Dos puntos de partida separados y a veces contrapuestos, pero que terminan confluyendo en uno.

En este momento, confío en que no pasen veinte años más antes de que vuelva a India.

Barcelona, agosto 1995-septiembre 2002

SEGUNDA PARTE
LAS DOS CARAS DE LA LUNA

13
EL SEGUNDO REGRESO
A LOS ORÍGENES

Regreso a India de nuevo, mucho antes de lo que pensaba. Será mi segunda vuelta al país donde nací, después de casi treinta años de vida en Barcelona tras aquel primer viaje desde Bombay — cuando se llamaba Bombay, porque ahora se llama Mumbai— a Barcelona en 1974.

Antes del primer regreso a India en 1995 en busca de mis orígenes, veinte años después de haber sido adoptada, guardaba en silencio mis inquietudes y apenas las compartía. Mi hermana Fátima y yo nos planteábamos algunos interrogantes, aunque ella, como también ocurre con muchas personas adoptadas, aún no había sentido la necesidad de regresar, de conocer el lugar de donde proveníamos. Había roto con su pasado más lejano y sólo le interesaba la nueva vida que había iniciado con nuestros nuevos padres.

Fue unos años después cuando empecé a darme cuenta de que no estaba sola y de que mis preguntas no eran únicas ni exclusivas; a medida que iba conociendo a otras personas adoptadas más jóvenes que yo, descubría que muchas se planteaban las mismas preguntas que yo me había hecho.

De pequeñas, Fátima y yo éramos la única nota de color de nuestro entorno familiar, del colegio, del barrio. Ahora, en el siglo XXI, los padres y madres que adoptan están muy preparados, cuentan con un gran apoyo social, con información, pueden contrastar y comentar sus experiencias con muchas otras familias, tienen a su alcance libros que tratan del tema, pueden consultar en internet muchísimas páginas web, pueden participar en foros de encuentro con padres y madres adoptivos de todo el mundo.

Pero lo más importante es que los niños y niñas adoptados empiezan a no sentirse tan diferentes, tan especiales. Incluso hay muchos que se encuentran de vez en cuando con otros niños y niñas procedentes de su mismo país de origen; crecen sabiendo que los demás también viven la misma aventura que ellos. Y, de algún modo, creo que la vida debe de resultarles más fácil, pues vivir la diferencia de forma compartida ha de resultar mucho más agradable.

No es posible comparar la educación de los niños y niñas adoptados de hoy con los de hace unas décadas, cuando no había ni un solo libro infantil que tratase la diferencia, cuando sólo contaba la intuición de los padres, que además eran verdaderos pioneros. Siempre hay excepciones, pero creo poder afirmar que las nuevas generaciones de niños y niñas adoptados viven desde el primer día conociendo todos los detalles de su historia, sea larga o corta, y están muy preparados para regresar a sus orígenes, aunque quizá al final decidan no volver jamás, sea por miedo a enfrentarse con el pasado o por cualquier otro motivo personal.

Han cambiado tantas cosas entre mi primer viaje de regreso a India y el segundo que ahora emprendo, que me estremezco sólo de pensarlo. Nunca creí que la publicación de *La hija del Ganges* me hiciera entrar en las vidas de tanta gente y me permitiera conocer a tantas personas nuevas con tantas historias fascinantes. Ellas, sin saberlo, me han ayudado a entender mucho mejor quién soy y qué significa ser una persona adoptada.

Ahora regreso a Mumbai y a Nasik, la ciudad donde nací, porque la historia que escribí se traduce en imágenes para convertirla en un documental para la televisión. Y es en este momento cuando rememoro todas las preguntas que me formulaba antes de subir al avión y hacer el recorrido de mi adopción a la inversa por primera vez. Recuerdo los temores que sentía, y los nervios, por volver a pisar la tierra que me había visto nacer; la angustia ante el reencuentro con las monjas que me habían cuidado durante los primeros años de mi infancia; las dudas sobre si conseguiría volver a hablar maratí, la que había sido mi primera lengua; la emoción de averiguar por fin si habían quedado algunos sonidos grabados en mi memoria o no. Sobre todo recuerdo el ansia que tenía por averiguar qué había sucedido al principio de mi historia, por qué me habían abandonado. Esta y muchas otras preguntas me acompañaron metidas en mi maleta, y ahora ya no las llevo conmigo (o al menos eso creo).

Cuando regresas por segunda vez al lugar de origen sabes, antes de irte, que te fijarás en cosas que probablemente no viste la primera vez, que muchos pequeños detalles se te habrán pasado por alto.

Ahora regreso para filmar un documental sobre mi libro, pero con una intención secreta guardada en el fondo de la maleta: encontrar a alguien de mi familia biológica.

Hace unos días recibí un mensaje electrónico de Nirmala desde Nasik, uno de esos que tienes que releer varias veces para acabar de creértelo. Nirmala es una de las monjas que me cuidaron de pequeña, y en su mensaje, que era un tanto confuso, escrito en un castellano extraño, dejaba entrever que conocía detalles de mi historia que no me había contado nunca. O sea que emprendo un nuevo vuelo hacia India con otro nudo en el estómago, con la duda de si realmente soy capaz de dar el paso de enfrentarme a nuevas emociones.

Si en el primer regreso a India iba bien acompañada y contaba con el apoyo de un grupo numeroso de voluntarios de una ONG, ahora también tengo la suerte de ir muy bien acompañada. Voy con Jordi Llompart, que dirigirá el documental; con Mikele López y Grau Serra, los dos fantásticos cámaras, y con Anna Soler-Pont, mi agente literaria y una de las responsables de muchas de las cosas que me han pasado desde que se publicó *La hija del Ganges*.

Ahora emprendo una doble aventura: el reto de hacer el documental y la voluntad de seguir adelante con la búsqueda de mis orígenes, porque me doy cuenta de que, para mí, con un solo viaje no bastó.

14

CADA COSA EN SU SITIO

En mi primer regreso también fui primero a Mumbai. Con la idea de acercarme más a la realidad india, y porque así era como estaba organizado el trabajo de voluntaria que iba a desempeñar, me alojé en casa de una familia: la familia Patil. Ahora, en cambio, me alojo en un hotel del barrio de Colaba, al que denominan «el centro de la ciudad» aunque esté lejos de todo. El hotel está al lado del mar, muy cerca de la Puerta de India, uno de los monumentos que recuerdan la época de la colonización británica, y del lujoso hotel Taj Mahal.

Al día siguiente de mi llegada a la ciudad, pasamos por la mañana temprano por delante de la Puerta de India para ir hacia el Regina Pacis y empezar allí el rodaje del documental. La primera gran diferencia con respecto a lo que viví la vez anterior es saber que la madre Adelina murió en el año 2000. Yo no lo supe hasta poco antes de emprender este viaje y para mí supuso un golpe muy duro. La madre Adelina siempre será una de las personas más importantes de mi vida; fue ella la que puso todo de su parte para lograr hacer realidad el que era mi sueño a los cinco años: tener un padre y una madre. Ella era una de las monjas del Regina Pacis, el convento donde viví desde los tres hasta los seis años y donde me encontraron los que desde entonces son mis padres.

Todos los del equipo (Jordi, Mikele, Grau, Anna y yo) vamos en dos taxis cargados hasta arriba con el material para filmar: los maleteros, medio abiertos y sujetos con cordeles, y en las bacas, cajas metálicas con focos y trípodes, que prácticamente hunden los techos de los coches, de puro viejos que son. Pasamos por delante de los dos leones de piedra que continúan presidiendo y vigilando la entrada de la principal estación de tren de Mumbai: Victoria Terminus. Los alrededores del edificio, una copia de los edificios coloniales ingleses o directamente de algún edificio de Londres, están abarrotados de vendedores ambulantes. El caos del tráfico nos detiene y me permite ver a poca velocidad todo lo que ocurre en las calles que rodean la estación. Un niño se acerca a la ventanilla de mi taxi y se lleva la mano a la boca indicando que quiere algo de comer. *Chapati** es la única palabra que entiendo de todo lo que me dice. Me quedo mirándolo

* Véase el glosario al final del libro (N. de la E.).

con toda la pena del mundo, inmóvil. Permanezco recostada en el asiento del coche; me siento impotente. Un mar de taxis negros y amarillos, parecidos a los de Barcelona, se mueve lentamente haciendo sonar el claxon. Un mar ruidoso, imposible. Por un lado se acerca una moto con una familia entera encima: el padre conduciendo, con un niño de unos siete años delante, que se sujeta fuerte al manillar; la madre vestida con sari, sentada con ambas piernas a un lado y con un chiquillo en la falda; y entre el padre y la madre, una niña que no debe de tener más de cuatro años. Y ninguno de los cinco lleva casco... Por otro lado aparece una bicicleta cargada con gallinas vivas. En la acera hay tenderetes de todas clases, alineados uno tras otro: montones de zapatos bien surtidos, sandías peladas llenas de moscas, caña de azúcar o sirope de caña de azúcar, carteras escolares, camisas de algodón blanco, cocos, cedés pirateados... También son habituales las tiendas de tabaco improvisadas en cualquier rincón con un cesto de huevos colgando del techo; se ven muchas. Se construyen casas en todas partes y hay mucha gente viviendo entre los escombros de las zonas en obras, entre un edificio y otro. Los coches esquivan las hogueras, donde cocinan o se calientan de noche.

Después de atravesar media ciudad emborrachándome de imágenes de todo tipo, veo la puerta imponente de hierro forjado. A la derecha de la puerta sigue estando la placa de siempre, con el nombre que para mí ahora tiene nombre de frontera que se cruza para pasar de un sitio a otro, de un país a otro, de ser huérfano a tener familia: Regina Pacis. Los dos taxis se detienen y empiezan a descargar el material. El asfalto de la calle está resquebrajado y hay grandes charcos por todas partes. El corazón me palpita. Anna se adelanta para ir a saludar a Margaret Fernandes, la monja que ahora dirige el convento, el orfanato de niñas, la residencia de muchachas sin recursos y la escuela abierta a chicas pobres. La orden de estas monjas fue fundada en Madrid en 1876 por Vicenta María López Vicuña, y en 1951 llegaron a India las primeras cuatro monjas españolas.

En cuanto puedo, me escapo a dar una vuelta sola y voy directo a la sala donde dormía de pequeña, bajo los mismos ventiladores que todavía ahora siguen en el techo. Recuerdo que mirarlos fijamente mientras giraban me ayudaba a conciliar el sueño.

Está todo igual, salvo por la ausencia de la madre Adelina. Los cuervos graznan desde las ramas de los árboles, como cuando yo era pequeña. Al verlos no puedo dejar de recordar de nuevo cómo me atacó uno de ellos cuando yo vivía

En el orfanato Regina Pacis de Bombay. Supongo que tenía cuatro años.

La escalera de caracol del orfanato que tantas veces me vio subir para pedirle unos padres a Adelina.

Adelina y yo, junto con otras niñas del orfanato, días antes de mi partida de Bombay. 1974.

El 27 de octubre de 1974 llegué a Barcelona. Ésta es la primera foto que me sacó mi padre junto a mi hermana Fátima. Ese día nos conocimos todos.

El 28 de octubre de 1974 fue la primera mañana que pasé en Barcelona con Fátima.

Invierno de 1975. La familia Miró al completo.

El pasaporte que me permitió viajar de Bombay a Barcelona. Caducó hace muchos años.

Verano de 1977. Fue la primera vez que Adelina vino a Barcelona a visitarnos. Yo ya tenía nueve años.

Agosto de 1995. La entrada al orfanato en el que pasé los primeros tres años de mi vida. Aquí me dejó mi padre biológico.

Con Adelina en el jardín del orfanato Regina Pacis en agosto de 1995.

Junio de 2003. Hari, Sakubai y yo.

Junio de 2003. Minutos después de encontrar a mi hermana ante las miradas del barrio en pleno.

Mi hermana y yo.

aquí. Hay muchas flores de todos los colores. Es la época de los monzones y entre el agua que cae a raudales y el calor constante, todo el jardín está en flor.

Subo los peldaños de la entrada y pregunto por Margaret en un inglés que espero mejorar pronto. El vestíbulo de la entrada, con los muebles de madera oscura y los ventiladores del techo, me devuelve de golpe a mi infancia, a todas las veces que había cruzado aquel lugar corriendo descalza. Nada ha cambiado. El olor también es el mismo: huele a limpio.

El encuentro con Margaret hace que algunos detalles de mi historia empiecen a tambalearse. Margaret es de Goa, la antigua colonia portuguesa de India, y además del portugués y el inglés, habla muy bien español. Cuando yo vivía en el Regina Pacis ella también estaba allí. Hace unos meses le envié mi libro en castellano y lo leyó enseguida. Me esperaba con muchas ganas de comentarlo, porque, según ella, estaba repleto de errores. Siento una mezcla de vergüenza y rabia. ¿Errores? Sí, y para ella algunos son muy graves.

Venía preparada para sentir emociones fuertes, pero no

para que me dijeran que en mi libro había cosas que no eran ciertas.

Lo primero que me dice Margaret es que en el Regina Pacis nunca ha habido niñas ricas y niñas pobres. Yo lo sentía así. Margaret me comenta que todas las niñas internas, incluso las que no son huérfanas, que, según yo recordaba, recibían las visitas de sus padres, son hijas de familias sin recursos, y que a algunas de ellas únicamente las visita algún pariente una sola vez al año. Insiste también mucho en que nunca ha habido diferencias entre lo que comíamos las niñas huérfanas y lo que comían las niñas internas. Y que la comida que íbamos a recoger a las cocinas de los hoteles con la madre Adelina cuando yo era pequeña era para alargar la ración de todas, añadiendo arroz y lentejas. La escucho para no contrariarla, pero tengo muy presentes mis recuerdos. ¿No es bastante diferencia dormir en el suelo, encima de una toalla, mientras las demás dormían en una cama?

Pero si sólo fuera eso, me hubiese quedado tranquila. Continúa diciéndome que mi padre no me abandonó, sino que me entregó a las monjas para asegurarse de que tendría un futuro mejor que el que él podía ofrecerme. Abandonar es una idea demasiado fuerte, y los indios nunca abandonan a sus hijos: los entregan a quien pueda cuidarlos cuando ellos no pueden hacerlo. Intento pensar en la diferencia que hay entre abandonar y entregar, y me cuesta encontrarla. Margaret dice que mi padre, Radhu Ghoderao, me quería mucho, tanto que incluso vino a verme a Mumbai antes de ser adoptada por mis padres de Barcelona, pero que yo no lo reconocí. «¿Quién es este señor?», me preguntó la madre Adelina. «¡El cartero!», parece ser que respondí. La escena tuvo lugar en una de las mesas de esta sala donde estamos ahora.

Pero ¿por qué no me lo habían explicado antes? Me entran ganas de reír y de llorar a la vez.

Margaret no estaba cuando regresé a India por primera vez; entonces sólo hablé con la madre Adelina, pero solamente de mil anécdotas de mi estancia en el Regina Pacis y de cómo ella encontró a los que serían mis padres para siempre. La madre Adelina conocía mis orígenes y me negó la información que le pedía. Por toda respuesta me recomendó que no revolviera más en mi pasado, que tenía que mirar adelante, que el pasado sólo podía hacerme daño y que tenía la mejor vida que nunca hubiese podido desear. Mi insistencia por conseguir saber más de mi historia no sirvió de nada. La madre Adelina ya era muy mayor cuando la vi por última vez e incluso entonces entendí que no quisiera explicarme nada; ella creía que era mejor para mí no saber nada más de mi historia, y tuve que aceptarlo. Esa estupenda mujer me dijo que no importaba dónde había

nacido ni quiénes eran mis padres. Ella creía que lo importante era la suerte que había tenido con mi nueva familia y
que, en India, era la hija del Ganges. No logré que me dijera
nada más que esto.

Pero ahora, unos años más tarde, me cuesta entender que
la madre Adelina me ocultara esta anécdota, que me resulta
increíble. No puedo negar la rabia que siento. Un padre, mi
padre, que viaja hasta la ciudad para ver a su hija una última
vez antes de que se marche a un país lejano para ser adoptada por una familia es una imagen de mi historia que des-
conocía y que me impresiona mucho. No puedo ni imaginar
lo que debía de sentir aquel hombre, pobre, cansado, viudo,
viajando hasta la gran ciudad para despedirse de mí y verme
por última vez.

¿Porque una criatura haya vivido en un convento o en un
orfanato ha de perder su historia? ¿Debe borrarse su pasado
sin más? Me cuesta aceptar que alguien piense que era necesario borrarlo todo.

Margaret sí está dispuesta a ayudarme y continúa explicán-
dome todo lo que sabe. Radhu, mi padre, llevaba un turbante como muchos hombres del campo, un *pheta* de color

blanco. Y seguramente el cartero que aparecía de vez en cuando por el Regina Pacis también, y por eso los confundí. Lo imagino viajando desde Nasik hasta Mumbai, entrando en esta sala una mañana parecida a la de hoy, con los ventiladores girando y el mismo olor a madera antigua, sabiendo que verá a su hija por última vez, suponiendo que ya no lo reconocerá. Tiene los ojos anegados en lágrimas a punto de derramarse.

Con su frialdad y contundencia, Margaret me explica que cuando mi padre me entregó a las monjas de Nasik yo tenía una hermana un poco mayor, una niña que por aquel entonces tenía unos cinco años o quizá menos. Margaret no estaba, pero cree recordar que Nirmala y la madre Adelina contaban que esta niña había estado presente en el momento de la entrega o que la habían visto en alguna ocasión. Siento un escalofrío. Una niña que acompaña a su padre a llevar a su hermana pequeña a algún lugar porque no tienen suficientes recursos para ocuparse de ella es una imagen aún más triste e impresionante.

¿Qué pensaría aquella niña que era mi hermana? ¿Y dónde estará ahora? ¿Me recordaría si aún viviera? Cada nueva frase de Margaret me va encogiendo y me va haciendo sentir cada vez más pequeña e insignificante.

Pero las sorpresas no acaban aquí. Ahora resulta que no éramos de Nasik, la ciudad sagrada en la orilla del río Godavari, lugar de peregrinaje que también para mí se había convertido en punto cardinal de todos los mapas, sino de otro pueblo más pequeño. Margaret no sabe decirme el nombre. Son demasiadas novedades, me siento aturdida. Los ventiladores giran en el techo, pero el calor, que nunca me ha afectado, ahora parece que me supera. Y por unos momentos creo que voy a marearme, que me caeré redonda al suelo.

Pero ¿y Nirmala? Ella fue quien me contó el relato de mi historia en Nasik; ¿por qué no me dijo todo esto? ¿Por qué me contó que yo había nacido en Nasik? ¿Y de dónde salió que mi padre, Radhu, había intentado abandonarme en una calle para que alguien me recogiera, antes de llevarme al convento al tercer intento? ¿De dónde surgió esta historia? ¿A quién debo creer?

Ahora quiero saberlo todo tal como fue. Me repongo del sobresalto con un vaso de agua fría. Intuyo que hay muchas cosas nuevas por descubrir y que, por primera vez, alguien está intentando decirme la verdad. Quiero saber qué pasó exactamente desde que nací hasta que mi padre me encomendó a las monjas. Quiero saber dónde nací exactamente, qué ocurrió con aquella niña que era mi hermana. Quiero saber por qué nos separaron. Quiero saber si tenía más hermanos y cómo ha sido su vida. Quiero intentar descubrirlo ahora que estoy aquí, pero si eso no es posible en esta ocasión, regresaré a India tantas veces como haga falta. Me doy cuenta de que para mí es más importante que nunca reconstruir mi pasado y el de mi familia biológica. No sé por qué, pero lo necesito.

Le pido a Margaret que me ayude a encontrar toda esta información. No lo he pensado dos veces. Dentro de unos días iremos a Nasik y allí estará Nirmala. Esta vez habrá que decirle que quiero conocer absolutamente toda mi historia con el mayor detalle. Margaret la disculpa diciendo que no soy la única niña que fue adoptada del orfanato, que han pasado muchos años y que no es fácil retener cada historia a la perfección. Nadie se entretuvo a escribir mi historia ni la de ninguna otra niña; nadie se dedicó a anotar con toda precisión las fechas, los nombres, los hechos. Y el paso del tiempo lo borra todo si no hay documentos donde registrar los hechos.

Tengo miedo. Miedo de que no me guste lo que encuentre. Ahora ya llevaba unos años pensando que tenía el relato de mi vida ordenado, cada cosa en su sitio, y me sentía en paz con el pasado. Había contado mi historia a mucha gente, incluso la había escrito. Y ahora me siento como frente a un precipicio, a punto de saltar al vacío.

Pienso en mis padres, Josep y Electa, y en el cuidado que siempre han puesto en conservar todos los documentos de mi adopción. Y en el diario que escribió mi madre precisamente para que, cuando fuera mayor, hallara algunas respuestas a las posibles preguntas que pudiera hacerme. Al menos todo lo que viví al llegar con casi siete años a Barcelona sí que está escrito por mi madre, y filmado y fotografiado por mi padre, y ahora se los agradezco más que nunca.

Margaret me acompaña a visitar el recinto del Regina Pacis; tengo ganas de verlo todo otra vez. Están a punto de derribar uno de los edificios, el más antiguo y hermoso de todos, de estilo colonial, con ventanas y barandillas de madera labrada, y con unas preciosas columnas. Ya no se sostiene, está apuntalado por todas partes, y no tienen medios para hacerlo restaurar. Es realmente una pena. El derribo empieza dentro de unos días y hay unas cuantas monjas trajinando cajas con papeles y libros y vaciando habitaciones.

Tenemos que filmar la escena de la escalera de caracol. Vuelvo a subir la escalera de madera descalza, como lo hacía cuando era pequeña. He de hacer esfuerzos por no pararme y romper a llorar a mitad de escalera. Cada peldaño sigue crujiendo como lo recordaba. Para mí, esta escalera siempre simbolizará el inicio de mi segunda vida. Todas las personas que hemos sido adoptadas tenemos alguna escena guardada en la memoria que recordamos como el principio del principio. Me siento en lo alto de la escalera, en un peldaño enfrente de la capilla, como lo hice la primera vez que esperé a que la madre Adelina acabase sus oraciones para pedirle unos padres.

Visito dos aulas donde están dando clase, las niñas sentadas en el suelo descalzas, con sus libretas sobre las rodillas y los zapatos bien colocados los unos junto a los otros fuera. Las niñas más pequeñas me cantan algunas canciones. La mayoría son niñas huérfanas; algunas entregadas por sus padres, como lo fui yo, niñas con padres que viven en algún rincón de India, pero que son incapaces de alimentarlas bien y mucho menos de darles estudios, niñas de familias de la calle. No puedo evitar emocionarme de nuevo. Yo soy una de ellas, estuve allí, quizá un día también canté alguna canción de bienvenida para alguna visita mientras estaba sentada, descalza, escuchando a la maestra —uno de los pocos días que no me había escabullido del aula— y la observé con la misma mirada oscura y profunda con la que ahora me observan estas niñas, como desde otro tiempo, con la mirada de alguien que ya ha vivido mucho. No son miradas infantiles e inocentes: son ojos que te hielan la sangre y te hacen recapacitar.

Toco una pieza en el viejo piano del Regina Pacis para las monjas. Temblorosa, emocionada, pero lo consigo. Es mi forma de obsequiarlas por el tiempo que nos han dedicado. El piano es uno de los símbolos de mi vida en Barcelona, el legado de mis padres adoptivos y lo que me convirtió en profesora de música durante trece años.

Finalizamos el rodaje del día con un té con galletas, todos juntos en la pequeña sala en donde arranca la escalera de caracol de madera. Y la despedida no es nada dolorosa. Sé que regresaré alguna otra vez: empiezo a sentir realmente que también pertenezco a este lugar.

15
REDESCUBRIENDO MUMBAI
CON OTROS OJOS

Voy de un lado a otro de Mumbai observándolo todo de una manera diferente a la primera vez que volví. Ya no me busco entre las miradas de la gente ni miro a las mujeres buscando a alguna que pudiera parecerse a la que fue mi madre. Me siento mucho más tranquila, y lo que voy viendo, aunque resulte duro contemplar la miseria, las injusticias, las diferencias abismales entre unas personas y otras, lo asimilo con más serenidad. El único desasosiego es el que noto cuando pienso en todo lo que me ha explicado Margaret, en todo lo que he de reconstruir de nuevo del relato de mi historia. Más que a mi madre, ahora busco a mi hermana en las mujeres que veo por las calles. ¿Me pareceré a ella? ¿Cómo le habrá ido la vida? Quizá también acabó siendo adoptada por una familia, lejos de India. ¿O quizá por una familia de Mumbai? Me gustaría mucho reencontrarla, y la busco por todas partes.

Hemos filmado escenas en el barrio de Bandra y otros rincones de la ciudad. Es domingo por la tarde y regresamos cansados después de todo un día de rodaje. Los montones inmensos de basura infestados de cuervos, perros y alguna rata que revuelven en ella, coexisten en pocos metros de calle con tiendas de ropa infantil, zapaterías, clínicas dentales, productoras de cine de primera categoría y restaurantes vegetarianos donde se come realmente bien. Camino por las calles de la ciudad vestida con ropas indias de vivos colores y grandes pendientes. Sé que, aunque mi aspecto sea muy indio, se nota de lejos que no soy de aquí, pero esta vez lo vivo divertida y no me afecta tanto. Mis gestos, mi forma de caminar y sobre todo de mirar son totalmente occidentales. Ahora ya lo sé y no pretendo disimularlo. La forma de mirar, finalmente, es lo que más nos diferencia a los unos de los otros, en un extremo y otro del mundo. Por primera vez disfruto de la agradable sensación de pasear por las calles de Mumbai sin sentirme angustiada. Ya no le tengo miedo a esta ciudad.

Andheri es un barrio popular de Mumbai, a cuarenta kilómetros de Colaba y a dos horas en taxi desde el hotel. Recorremos esta distancia sin dejar de ver vida en su estado más puro: movimiento, acción, gente que circula, que trabaja. La mayoría de las calles están asfaltadas desde hace muchos años y hay enormes socavones; otras son de tierra y están llenas de charcos de agua de las lluvias. Predominan las motos, las bicicletas y los *rickshaw*s a motor, que en otros barrios más cercanos al centro están prohibidos. Hay *rickshaw*s cargados de cualquier cosa, cajas y más cajas de cartón que sobresalen por los lados... Se ven algunos carros arrastrados por hombres a pie. Hace mucho calor, hay mucha contaminación y las bocinas suenan desesperada, constantemente. Un enorme cartel del último gran estreno de una película americana, *Matrix Reloaded*, comparte espacio con un gran anuncio de jabón indio, pintado a mano. Me fijo en él porque una decena de hombres está retocándolo o rematándolo, encaramados con sus pinceles y botes de pintura a un andamio que en Occidente no cumpliría ninguna medida de seguridad reglamentada: cañas de bambú y tablones de madera sujetos con cuerdas.

En Andheri he vuelto a ver a la familia Patil, la que me acogió durante mi estancia en 1995, y hemos filmado diversas escenas en su piso, rememorando y reconstruyendo los momentos íntimos e intensos que viví con ellos entonces.

El padre y la madre, Naresh y Kamal, no han cambiado nada. Naresh continúa trabajando de taxista, echando las horas que haga falta para que sus tres hijas tengan una vida lo más digna y libre posible. Y Kamal, siempre elegante con su sari, continúa ocupándose de la logística de la casa para que todo funcione. La preparación de cualquier comida requiere muchas horas, además del tiempo que se necesita para ir a comprar los ingredientes a pie o, si Naresh se toma unas horas libres, con el taxi, un poco más lejos de casa. Sus verduras con arroz y su sopa de lentejas, el famoso *dhal*, son insuperables.

Nanda, la hija mayor, ya tiene veinticinco años y trabaja de recepcionista en un hotel junto al mar, a pesar de haber estudiado dos carreras, psicología y sociología, en la Universidad de Mumbai, y habla muy bien inglés. Está buscando un trabajo mejor, pero no lo encuentra. Viste a la occidental. Los saris no le gustan porque no puede caminar con soltura. Sólo lleva *salwar kameez* para estar por casa y en alguna ocasión por la calle. No tiene ninguna prisa por encontrar pareja y formar una familia, aunque sabe que es el sueño de sus padres. Me explica que han hablado muchas veces del tema y que sus padres han decidido que la dejarán escoger a quien quiera. Dice que los tiempos han cambiado y que ya no se puede forzar a las chicas a casarse con quien desean sus padres, por más que sea una práctica muy habitual. Nandini ya tiene veinte años, hace unos meses que se ha graduado en la universidad y compra todas las semanas el diario *Employment News* para encontrar trabajo, pero no lo consigue. Le gustaría trabajar en una oficina. La que más ha cambiado es Ebuthi: la chiquilla que conocí se ha convertido en una adolescente que aún sueña con ser bailarina y va todos los días a pie al colegio.

Impresiona pensar que en aquel piso pequeño, con escasa luz eléctrica, dos sofás en la sala que sirve de dormitorio a los padres durante la noche y de sala de estar-comedor durante el día, una habitación pequeña para las tres hijas, la cocina —donde también está el pequeño altar dedicado a *Ganesh* y *Sai baba*— y un minúsculo baño sin ninguna comodidad, convivan los cinco en armonía.

Las tres chicas y yo comemos juntas en el suelo de la sala, con el televisor encendido porque es la hora de la teleserie más importante de India, una que lleva más de seis años emitiéndose sin interrupción. Comemos con las manos. Mi destreza para comer arroz con las manos ahora es nula, y vuelvo a recordar que mi madre siempre me contaba que cuando llegué a Barcelona no sabía comer con cubiertos y que era fascinante ver con qué habilidad lo comía todo con los dedos.

Hoy, mucho más que cuando estuve viviendo en este piso como una más de la familia, pienso que mi vida también hubiese podido ser así: una vida de familia india sencilla que, con el esfuerzo del día a día, va saliendo adelante y va prosperando. Y, sobre todo, va aceptando que los tiempos cambian y que las costumbres y las necesidades son otras.

De repente cae una tromba de agua, como si se hubiesen abierto las compuertas de alguna presa misteriosa. Una cortina de agua cae con furia sobre las tiendas improvisadas con plásticos azules, negros y amarillos contra la pared del Jeja Hospital. Allí viven varias familias, que encima deben pagar por el hecho de ocupar un espacio de la ciudad, aunque sea bajo un pedazo de plástico. El agua nos ha pillado en pleno rodaje y sufrimos por las cámaras. Mikele y Grau reaccionan deprisa desplegando paraguas e impermeables en mitad de la calle. Su sentido del humor es indispensable en momentos como este. Las criaturas corren y se mojan, divertidas, mientras las mujeres continúan su camino calle arriba, inmutables y elegantes bajo sus paraguas irisados. Se oyen las campanas de la *puja* de las siete de la tarde, procedentes del pequeño templo que hay en el recinto del hospital. Los autobuses rojos de dos pisos van de bote en bote, con los cristales totalmente empañados. Es el barrio musulmán, y las cabras campan por sus respetos, royendo todo lo que encuentran entre las pilas inmensas de desechos y también alguna mesa de un comercio callejero o el mango de una carretilla. En los balcones del pequeño hotel Parijath, al otro lado de la calle, se ve a algunas personas mirando la lluvia, que continúa cayendo pero más suavemente. Los que circulan en bicicleta van totalmente empapados, pedaleando con las camisas pegadas al cuerpo.

He llamado a Nirmala y también a Margaret para preguntarles si han podido hacer alguna averiguación más. Nirmala se ha alegrado de oírme y, por la firmeza de mi voz, ha entendido que esta vez necesito conocer todos los detalles de mis primeros años de vida. Margaret le ha transmitido el encargo. Ha leído mi libro y también ha encontrado imprecisiones. Ella recuerda haberme contado mi historia tal como había sucedido, y no entiende de dónde saqué lo que escribí. Le digo que inventármelo no tenía ningún sentido. La confusión es mutua, pero hay mucho cariño y ganas de volver a vernos.

Ahora me percato de que la otra vez, cuando fui a visitarla, la cogí por sorpresa; no había tenido tiempo de reflexionar, de preparar toda la información. Supongo que ni yo misma podría retener con precisión la historia de tantas niñas. Ha pedido a alguien que la ayude a investigar todo lo que pueda

sobre mi hermana o sobre cualquier persona de mi familia biológica. El nudo en el estómago vuelve a aparecer. La imagen
de una niña pequeña diciéndome adiós antes de dejarme con
unos desconocidos me acompaña en todo momento.

La escuela del barrio de Andheri donde trabajé como voluntaria en 1995 ya no existe tal y como era. El nombre sigue
siendo el mismo: Jewan Nirwaha Nirketan, que en maratí
significa «Una escuela para la vida». Han construido un
nuevo edificio para poder dar clases a muchos más niños y
niñas sin recursos, niños que trabajan unas horas al día, pero
que aquí pueden dedicar también algunas horas más a estudiar. Muchas de las niñas y adolescentes viven en el orfanato
de Santa Catalina, que está en el mismo recinto que la escuela y que hace muchos años que existe. Cuando hemos entrado por la puerta principal con los dos taxis, cargados
como de costumbre con todo el material de rodaje, el guarda
nos ha hecho firmar en un libro y me he fijado en una de las
visitas que se había registrado esa mañana. Como motivo de
la visita habían escrito una sola palabra: *adopción.* Por el
nombre parecían ingleses o tal vez americanos.

Mientras Mikele y Grau filman las entrevistas que hace

Jordi a algunos niños y niñas que hemos escogido de entre todas las aulas de la escuela, Anna y yo nos dedicamos a charlar con los demás, sobre todo con las niñas o adolescentes. Sentadas en el suelo de un patio vamos escuchando sus relatos y respondiendo también a lo que ellas quieren saber de nosotras. La mayoría son niñas huérfanas, y algunas no han conocido nunca a sus padres. A muchas, las monjas del convento de Santa Catalina o del orfanato de Bal-Bhavan, que está cerca, las encontraron en la puerta del edificio y siempre han vivido allí; otras se han quedado huérfanas hace poco y están internas en el orfanato porque sus familiares no pueden ocuparse siempre de ellas... Sorprende la normalidad con la que nos cuentan sus historias, la curiosidad con la que escuchan la mía.

Una de las mayores, Deepa, de quince años, que fue hallada en la puerta del orfanato y siempre ha vivido en él, me dice que ella tenía una amiga a la que ya hace muchos años se llevaron unos padres europeos lejos de India, y que nunca ha vuelto a saber nada más de ella. Y también que a lo largo de los años ha visto cómo a otras niñas las venían a buscar y nunca ha sabido entender por qué a ella no. Por qué razón a unas niñas se las llevan para tener una familia y a otras no. Ella recuerda a todas las niñas con las que ha compartido su infancia y se pregunta qué debe de haber sido de sus vidas. También sabe que algunas han sido adoptadas por familias de Mumbai.

16
USHA EN LA CIUDAD SAGRADA

En mi primer regreso a India hubiese sido incapaz de ver algunas cosas que he visto ahora. Hemos filmado escenas en los barrios más pobres de Mumbai, hemos visitado orfanatos y hablado con niñas con historias de todo tipo, a cuál más triste. Entonces el hecho de haber tenido la suerte de encontrar a unos padres que me adoptasen era una carga mucho más pesada que ahora. Pero la pregunta clave aún me acompaña: ¿por qué yo?

Ver a las niñas prostitutas de la calle me ha roto el corazón, pero las he podido mirar con mayor distancia. Hasta ahora me sentía tan implicada y tan identificada que sencillamente no podía. Esta vez no sólo he visto la parte más cruda y miserable, sino también la gente que ha podido luchar. Y he podido observar muy de cerca a las nuevas generaciones de mujeres que crecen con muchas más posibilidades, como las tres hijas de la familia Patil. Las niñas de la escuela de Andheri, por ejemplo, no tienen nada que ver con las que conocí en mi primer viaje. Entonces lo único que transmitían era espíritu de supervivencia. Ahora piensan en vivir con dignidad y tienen muchas más ambiciones, deseos de convertirse en personas instruidas y de tener profesiones estimulantes. La vez anterior tampoco di el paso de conversar con las niñas y chicas mayores de los orfanatos. Con lo que veía y oía ya tenía suficiente.

Pero cuando tienes más información y tu historia más asumida, quieres más. Cuando has superado el miedo a lo que te puedas encontrar eres capaz de avanzar un paso más y enfrentarte a lo que sea. Y entonces hay que ser muy insistente para conseguir la verdad de la historia de tu adopción. Las personas que pueden tener la información del pasado posiblemente recuerden diferentes versiones de los hechos; nunca hay una sola versión.

***

Camino de Nasik vamos filmando algunas escenas para el documental en la carretera que empieza en Mumbai y acaba en Agra, la ciudad del Taj Mahal. En el jeep aparcado en un margen de la carretera, un Toyota blanco cargadísimo con el material del rodaje y nuestro equipaje, Anna está haciendo llamadas sin parar por el teléfono móvil para seguir programando el rodaje de los próximos días. De pronto, durante una pausa, se me acerca entre sonriente y llorosa para hablar conmigo. Por su cara sé que algo ocurre. Nos sentamos ambas en el Ambassador blanco, un coche de estilo antiguo y elegante que los indios suelen alquilar como taxi para trayectos largos. Uno de esos coches que te transportan también a través del tiempo, que te descolocan. Lo hemos alquilado para filmar algunas de las escenas del trayecto de Mumbai a Nasik, y vamos los cinco repartidos entre el jeep y el Ambassador. Los dos coches llevan chófer incluido. ¡Hay que ser muy hábil para conducir por las carreteras indias!

Anna acaba de hablar con Margaret. ¡La han encontrado! ¡Han encontrado a mi hermana! Nirmala me espera en Nasik con toda la información. Y lo más importante de todo: ¡mi hermana me recuerda!

Lloro de emoción en el interior del coche, detenido cerca de un puente. De emoción, de miedo, de nervios. Ha pasado un tren larguísimo, cargado de gente, y me he quedado hipnotizada mirándolo hasta que ha desaparecido en el horizonte.

Usha. Mi hermana se llama Usha. ¡Está viva y me recuerda!

Entro en Nasik por segunda vez ya como mujer adulta, sabiendo mejor adónde voy. Era feliz pensando que había nacido aquí, lo había contado muchas veces, me había aprendido la historia de la épica hindú de Rama y Sita que tuvo lugar aquí, y sabía que las aguas sagradas del río Godavari son igual de sagradas que las del Ganges y también liberan las almas de las personas cuando se vierten en él sus cenizas. Y ahora resulta que no. Nasik no es la ciudad de mis orígenes, pero yo me siento de aquí, me gusta ser de aquí. Y, para mí, Nasik siempre será el pueblo donde empecé a vivir.

Después de haber descargado lo que no necesitamos en el hotel, que está en las afueras de la ciudad, todos los del equipo nos dirigimos montados en el jeep hacia el centro, a los *ghat*s del río. A un lado y otro de la carretera hay muchos talleres mecánicos, tiendas de neumáticos de coche y camión, bloques de pisos modernos. Un rótulo anuncia que estamos a punto de atravesar el puente del Godavari: *Godavari Bridge*. Y otro da la bienvenida a la ciudad sagrada en inglés. Una vaca cruza la carretera, indiferente al tráfico. Veo el río desde lejos y nos acercamos deprisa hasta que aparcamos muy cerca de los *ghat*s. En los balcones de las casas de los alrededores hay montones de ropa tendida. Me fijo en dos mujeres vestidas con saris de color naranja, que charlan en el portal de una casa.

Pasamos la tarde filmando entre la gente que me observa

con curiosidad, sin saber quién soy ni por qué una cámara sigue mis pasos desde lejos.

Las escaleras de los *ghat*s están llenas de mujeres que lavan la ropa y la golpean con una especie de pala de madera contra el suelo. El agua del río está sucia y no sé cómo sus saris pueden quedar limpios. Hay un continuo movimiento de mujeres con palanganas de aluminio en la cabeza, yendo y viniendo de casa al río y haciendo tintinear las pulseras de sus tobillos al caminar. El ambiente es festivo. Los *ghat*s están rodeados de pequeños templos y el paisaje es de postal. Las mujeres lavan ropa y charlan entre ellas divertidas, mientras algunos niños se salpican y juegan desnudos en el agua. Más allá, unos adolescentes se ganan algunas rupias lavando motos y *rickshaw*s. Las vacas circulan sin ton ni son entre tanto movimiento. Los tenderetes de frutas y verduras se extienden bajo unos plásticos a lo largo de la orilla, y junto a la carretera se puede comprar de todo en pequeños puestos montados en carros de madera: utensilios de cocina, pulseras de cristal, zapatos y casetes de música de todo tipo.

Nasik se está preparando para celebrar el *Kumba Melah* dentro de unos días. Se esperan millones de personas, entre peregrinos, *saddhu*s y turistas locales, que llegarán desde todos los rincones de India. Hay carteles que lo anuncian, y todos nos preguntan si estaremos en Nasik cuando empiece el *Kumba Melah,* uno de los peregrinajes más multitudinarios del mundo, que se celebra periódicamente en diferentes ciudades indias. Una vez cada trece años les toca a Nasik y Trimbak, una ciudad cercana. El 2003 se consideraba especial por la posición de los planetas, especialmente por la proximidad de Marte a la Tierra. El *Kumba Melah* se celebra durante todo un año, pero es durante los primeros días cuando se produce la peregrinación masiva.

Al atardecer, antes de que oscurezca, en la hora mágica cerca de las siete de la tarde, se oyen las campanas del templo Kala Ram Mandir, en honor al dios Ram, y me acerco. Fuera, los vendedores de guirnaldas de flores frescas intentan liquidar las que les quedan antes de que acabe el día. Flores blancas, naranjas, amarillas, rosadas, rojas... Cruzo la puerta y entro en el recinto. En medio del patio cuadrangular está el templo: la escalinata de piedra principal y dos laterales. Me descalzo como hace todo el mundo antes de subir la escalera y dejo mis sandalias junto al resto. Hay un montón, de todas las medidas y formas. Al fondo de la pequeña sala del templo está la imagen de Ram, con la cara negra. Camino ante el altar siguiendo a una familia que ha acudido a hacer sus plegarias y los imito: deslizo las manos sobre la llama de un fuego, tomo agua de un cuenco y me la paso por la cara, me paso luego las manos por el pelo con un gesto hacia atrás y me pinto la frente con el polvo de color rojo que hay en una bandeja.

Sentada en la escalinata de piedra a la salida del templo, con un poco de luz diurna aún, se me acercan familias, abuelas, interesadas en saber quién soy y de dónde vengo. Hablan en maratí, pero evidentemente no las entiendo. Luego aparece una chica que habla inglés y consigo contarles mi historia, decirles por qué he vuelto a Nasik. Les revelo que sé que nací por aquí cerca y que mis padres se llamaban Radhu y Shevbai Ghoderao. Todos comentan cosas que no entiendo, hablan entre sí. Radhu y Shevbai son dos nombres muy típicos de aquí, por lo que parece. Me gusta oír cómo los pronuncian, cómo suena el que hubiese podido ser mi apellido: Ghoderao. Shevbai se pronuncia «Sheobai». Se me escapa alguna lágrima. Dos mujeres mayores, de mirada afable, me abrazan y a su manera me desean buena suerte y ruegan a los dioses que me protejan y me ayuden. El momento, el lugar, todo en conjunto es muy especial. Gente de Nasik que me mira como a una más del pueblo que ha venido a re-

cuperar sus raíces, que se preguntan unos a otros si a alguien
le suenan los nombres de mis padres, como quien pregunta
por un vecino o por un viejo conocido. Gente que me mira
con estima. Una estima que me llega muy adentro.

Ahora sí que ha llegado el momento de reconstruir mi historia, aquellos seis primeros años de mi vida. Estoy
nerviosa. Cruzo el jardín del convento de Dev-Mata (que se
pronuncia «Deo-Mata»), donde viví desde muy pequeña
hasta los tres años. Lo recordaba perfectamente de mi
primer viaje; todo está igual, excepto el columpio que había
en mitad del jardín, que ya no está. Llovizna. Hay flores
por doquier y el jardín está muy cuidado. Llamo al timbre
de la puerta y sale a recibirme Nirmala, que me estaba esperando. Nos abrazamos y la emoción es muy intensa.
Ahora tengo más claro que nunca que Nirmala es una de
las personas vivas más importantes de mi vida. Nada más
entrar, Nirmala va hacia la capilla, que está justo en la entrada, y recita una plegaria en voz alta, mezclando el inglés
y el castellano. Yo la sigo en silencio. Da gracias a Dios por
volver a verme, por haber hecho que llegara sin percances,
y pide que todo me vaya bien y que encuentre lo que he

venido a buscar. Después nos sentamos a la mesa de la sala de la entrada, con tres ventanas con vistas al jardín. Nirmala me cuenta que, tal como le pedí, ha hecho todo lo posible por llegar a conocer el arranque de mi historia con la máxima precisión y que por eso ha solicitado la ayuda de un hombre de mucha confianza. Lo conoceré dentro de un rato.

Más tarde, mientras tomamos un té en un pequeño comedor que sólo usan las monjas, llega Francis Waghmare para contarme en persona todo lo que ha descubierto. Es nuestro detective particular. Francis Waghmare enseña maratí a niños y niñas de nueve a dieciséis años de la escuela Santa Filomena de Nasik, muy cerca de Dev-Mata. Su mujer es enfermera en el hospital. Tienen una hija, Aditi, y un hijo, Aditya, de diez años; son gemelos. Tiene unos tres años más que yo. Me inspira mucha confianza. Se sienta a la mesa que hay al lado de la ventana con nosotras, conmigo, con Nirmala y con Merlyn, la superiora del Dev-Mata que me había cuidado también de muy joven cuando llegué ¡y que me recuerda perfectamente!

Francis me mira fijamente a los ojos, como si quisiera saber si realmente soy yo o intentara adivinar qué pienso. Él también está muy emocionado. Yo le devuelvo la mirada y supongo que él puede ver en la mía el agradecimiento más profundo hacia alguien que está a punto de entregarme una parte tan importante de mi vida. Me cuenta que pidió unos días de fiesta en el trabajo para poder recorrer los pueblos con su Vespa buscando todas las piezas que faltaban para completar el rompecabezas de mi infancia, los motivos por los cuales acabé viviendo en Barcelona, adoptada por los que desde 1974 son mis padres. Con la taza llena de té, comienza su relato.

Radhu Ghoderao se casó con una mujer llamada Shevbai. Tuvieron un hijo y cuatro hijas. Cuando Shevbai murió, Radhu volvió a casarse con una mujer mucho más joven que él, de salud muy delicada, llamada Sitabai. Su apellido era Sansare, y Balhegaon-Nagda su pueblo. Dicen que Sitabai era muy hermosa y que su familia la casó con un hombre ya mayor y con hijos porque estaba enferma y nadie más la quería; tenía graves problemas cardíacos y de asma. Vivían en Shaha, un pequeño pueblo a unos setenta kilómetros de Nasik, de donde era Radhu.

A pesar de su fragilidad física, Sitabai tuvo dos hijos y tres hijas. La mayor se llamaba Matura; los dos niños murieron siendo muy pequeños; la cuarta fue una niña que se llamaba Asha y la más pequeña se llamó Usha. Usha era yo. Cuando

Usha tenía unos tres meses, Sitabai murió. Ya estaba muy enferma y su último parto acabó de debilitarla.

De Matura poco ha logrado saber, salvo que murió hace ya muchos años. Lo que sí recuerda mucha gente es que Radhu se encontró solo de repente con una niña de pocos años y un bebé de tres meses. Casualmente, sin embargo, al mismo tiempo que nació Usha, es decir, yo, una de las hijas del primer matrimonio de Radhu, que tenía casi la misma edad que Sitabai, también había tenido un hijo. Ella se llamaba Sakubai, y el niño, Balu. Radhu fue a ver a su hija Sakubai y le pidió que amamantara a Usha para evitar que muriera desnutrida. Así fue como la hermanastra de Usha la crió a ella y a su propio hijo durante unos meses. ¡Mi hermanastra me crió! Hasta que la familia de su marido empezó a ver con malos ojos que repartiera su leche entre las dos criaturas. Tenía preferencia el niño, y presionaron para que dejara de criar a la pequeña Usha.

Fue pasando el tiempo, pero Radhu no salía adelante: tenía que trabajar en el campo, y con dos hijas pequeñas, aunque algunos familiares y amigos posiblemente lo ayudaran, no veía salida a su situación. Eran muy pobres. Radhu trabajaba sus tierras con búfalos. Eran años difíciles, de mucha sequía y poca cosecha. Así es que un día se fue al vecino pueblo de Pathri y se presentó en casa del catequista, Muralidhar Sakharam Waghmare, que era conocido por ser muy buena persona y estar siempre dispuesto a ayudar a la gente. El catequista era el padre de Francis, el mismo Francis que ahora me está contando toda esta historia que me cuesta creer que sea la mía y que aún no sé cómo acabará. Voy bebiendo sorbos de té para intentar deshacer el nudo que siento por dentro.

Todos los lunes, en casa del catequista de Pathri, recibían la visita de un cura y de una monja que venían de Nasik a traer medicinas para la gente de los pueblos de la zona, a dar misa y a ayudar en lo que pudieran. El cura era de Madrid y se llamaba Martín de los Ríos. La monja era de Goa y se llamaba Nirmala Dias. El padre de Francis les contó el caso de la niña de Radhu y les preguntó si quizá podrían ayudarle. Francis no sabe muy bien cómo se sucedieron las cosas, pero al cabo de tres o cuatro lunes fui entregada a Nirmala y desde aquel momento las monjas se ocuparon de mí.

Nirmala va asintiendo con la cabeza mientras escucha el relato, como si de pronto acudieran a su memoria todas las imágenes, pero no dice nada y deja que Francis continúe.

Antes de dejarme, Radhu, mi padre, quiso hacer una última cosa: intercambiar los nombres de las dos niñas. Asha significa «esperanza», y decidió que la pequeña Usha merecía esperanza y suerte en la vida. Usha significa «sol naciente», alba, es la diosa de la mañana. Asha se llamaría

Usha. Y así fue como yo, Usha Ghoderao, me convertí un lunes de 1968 (o quizá ya era 1969) en Asha. El nombre que ya siempre me ha acompañado, dándome fuerzas.

Es difícil describir lo que siento a medida que voy encajando lo que acabo de escuchar. Nirmala va recordándolo todo y está igual de emocionada que yo; hasta ahora, este fragmento de historia lo tenía medio borrado y confuso. ¡Son tantas las historias de niñas que ella ha vivido! Un mar de lágrimas me resbala por las mejillas. Pero ¿dónde está Usha?

«Ayer estuve con ella en su casa —me dice Francis con la mirada iluminada—. ¡Y tiene muchas ganas de verte! No te ha olvidado e incluso había intentado encontrarte, pero sin medios ni recursos le fue imposible».

Mi hermana sigue llamándose Asha. A pesar de que nuestro padre, Radhu, decidiera intercambiar nuestros nombres, a Asha siguieron llamándola Asha, quizá porque ella debía de tener muy claro cuál era su nombre, y a una niña que ya tiene uso de razón no se le puede cambiar el nombre fácilmente, por mucho que los adultos lo decidan así.

Asha, la otra Asha, está casada y tiene cuatro hijos. Mañana podremos ir a verla. ¡El corazón se me desboca! ¡Mañana!

❧❀❧ ❀❧❀

Una monja entra en el comedor e interrumpe la conversación, muy alterada. Fuera hay tres hombres que quieren ver a Nirmala. Uno de ellos es el marido de mi hermana, que ha venido desde Kolpewadi, un pueblo a unos ochenta kilómetros de Nasik. Los otros dos son sus primos, que viven en la ciudad y le han querido acompañar.

Mi cuñado —me hace gracia pensar que puedo referirme así a una persona que ni sé cómo se llama— ha recorrido todo el trayecto sólo en autobús para verme, para saber si realmente existo, porque no se acaba de creer que la hermana de su mujer haya aparecido de repente, tal como se lo explicó ayer Francis. Nirmala está inquieta; teme que puedan querer dinero. En India, los conventos de monjas católicas están ahora muy mal vistos e incluso sufren ataques en algunos estados del país. Eso los obliga a estar en estado de alerta permanente. Salimos afuera. Y allí están los tres hombres, más atemorizados que nosotros, con los ojos llenos de lágrimas al verme bajar los peldaños de la escalera de entrada. Existo, soy Usha. Y sí, mañana, si les va bien, iremos hasta Kolpewadi y las dos hermanas se reencontrarán.

Anna nos hace una foto a los tres hombres, a Nirmala y a

mí, y los dos primos insisten en darme su dirección para que las mande una copia. El marido de Asha regresará esta tarde al pueblo. Me da lástima que tenga que hacer de nuevo ese trayecto tan largo, pero a él no parece importarle: está tan contento como incrédulo.

Cuando los tres hombres se han ido, Francis me cuenta que el marido de Asha se llama Bikhaji Balaji Meherkhamb y trabaja en la fábrica de caña de azúcar que hay en Kolpewadi. Mi hermana y él tienen dos hijos y dos hijas: Sheetal, que tiene veinte años, ya está casada y no vive con ellos; Savita, de diecisiete años, que se casará pronto; Bausaheb, de trece años, y Rahul, de once años.

❊❊❊ ❊❊❊

Nirmala y Merlyn nos desean mucha suerte para mañana. Ellas están viviendo este episodio con la misma intensidad que yo. Ahora veo a Nirmala como a una abuela, como a una persona que prácticamente me ha visto nacer. Ella fue quien dio los primeros pasos para darme una segunda vida cuando Radhu les pidió ayuda. Ahora me es más fácil entender cuál es el trabajo que realizan estas mujeres, cuál fue su papel en mi adopción. Quizá por su timidez y su dulzura, en mi primer viaje fui incapaz de darme cuenta de todo lo que Nirmala había hecho por mí. Nirmala fue una de las primeras personas que me quisieron una vez mi padre me dejó con ella, y está demostrado que no hay nada más fuerte que el cariño que se recibe de pequeño para hacer crecer a una persona. Y también fue ella la que decidió que no me podía quedar en Nasik para siempre. En aquellos tiempos, en el Dev-Mata no había demasiados niños. Yo sólo recuerdo a Johnny, mi compañero de juegos. Nirmala me dice que ya murió. Fue adoptado por una familia india y murió hace años de enfermedad. Ahora en el Dev-Mata se ocupan de más de ochenta niñas huérfanas de todas las edades y han construido todo un edificio para ellas, donde duermen, comen, asisten a clase... Voy a verlas y a jugar un rato con ellas. Reír rodeada de niñas de los pueblos de los alrededores de Nasik, en medio del jardín del Dev-Mata, es lo más cerca que puedo estar de los primeros años de mi infancia.

17

LAS HIJAS DEL GODAVARI

Las vidas de las personas están llenas de fechas señaladas en sus calendarios particulares, como si fuesen constelaciones de estrellas. El 28 de junio de 2003 es sábado y es un día especial: recuperaré a mi hermana biológica, Asha, con la que me pregunto si tendré cosas en común. Estas horas previas al reencuentro son intensas.

Ahora pienso que ojalá alguien que hubiese vivido una experiencia similar pudiera explicarme qué hacer en estos casos, qué decir, si es normal sentir esta mezcla de miedo y de ilusión, de deseo y de rechazo...

Vamos camino de Kolpewadi; unas dos horas de ruta en el jeep Toyota blanco brincando sobre los baches de la carretera mal asfaltada de dos carriles, que a menudo se convierten en cuatro. En el jeep vamos ocho personas apiñadas, contando al conductor, Akaram, que va tan deprisa como puede. Además de Francis, nos acompaña Vinod Bedarkar, un periodista del periódico local *Sakal*, que se publica en lengua maratí y se puede comprar en todo el estado de Maharashtra. Quiere escribir un artículo sobre lo que pase hoy. Es alto y delgado, con bigote y de mirada oscura, y nos observa emocionado y sin entendernos, sentado en la parte trasera del coche, entre el material de rodaje. Tengo los nervios destrozados; tan sólo he dormido dos horas.

Francis nos cuenta que el distrito de Nasik engloba unos quince *taluka*s, que es el nombre que recibe en India el área administrativa que circunscribe los pueblos. A ambos lados de la carretera se ven muchos campos. Es época de labranza, y los hombres trabajan la tierra ayudados por bueyes o vacas famélicas. Mujeres con saris de colores vivos, que contrastan con los colores terrosos de los campos, acarrean agua en grandes jarros de aluminio sobre la cabeza o sujetos a un costado, y su andar es muy elegante. El paisaje es muy llano. Hace un día gris, muy nublado, pero el aire es caliente y húmedo. Pasamos por Pangri, un pueblo que cruza la carretera. Hay una procesión hindú. Predomina el color naranja en la ropa de la gente que camina detrás del pequeño altar, con guirnaldas de flores y banderolas. Vamos avanzando entre rebaños de cabras, perros, motos, casas sin tejado, restaurantes o bares muy modestos a pie de carretera con grandes anuncios de Fanta o Coca-Cola que contrastan con el paisaje desértico. Los hombres de los pueblos de este *taluka* van casi todos con un *gandhi topi*, un sombrero blanco de marinero antiguo, del mismo blanco que los *salwar kameez* que visten.

Nos detenemos en un cruce, y Francis nos indica una pequeña carretera que se aleja a la izquierda; por allí se va a Shaha, el pueblo donde nací. Asha acabó viviendo a pocos kilómetros de nuestro pueblo, y yo, a miles de kilómetros de distancia. Con el jeep parado en la cuneta de la carretera observo el paisaje. Todo es llanura, la tierra es de un color amarronado muy especial y los árboles tienen formas originales. Se llaman *babhool* y parecen ser de la familia de las acacias.

Shaha. Voy repitiendo el nombre de mi pueblo e intento descubrir qué sensación me provoca el sonido de este nombre. Las contradicciones continúan. Por un lado siento una emoción intensa; por otro, una indiferencia absoluta. Con la mirada perdida en dirección a la pequeña carretera que conduce a Shaha, me pregunto si realmente importa mucho haber nacido en Shaha, en Nasik o en cualquier otro rincón del mundo. ¿Por qué nos interesa tanto a todos saber de dónde somos y quizá no tanto quiénes somos? No tengo la respuesta.

Pathri es el pueblo de Francis. El pueblo donde mi padre biológico, Radhu Ghoderao, me confió a Nirmala y a Martín de los Ríos para que me dieran una vida mejor que la que él creía poder ofrecerme. A la entrada del pueblo, en una calle que parece importante pero que no está asfaltada, nos detenemos, y un gentío enorme, la mayoría niños y hombres, nos rodea curioso. No es nada habitual que llegue un coche como el nuestro lleno de extranjeros. Algunos hombres reconocen a Francis (un compañero de la escuela, un vecino...) y le preguntan insistentemente quiénes somos, pero se nos acercan tanto que apenas podemos movernos. Hasta que él les cuenta todo lo que quieren saber, no se apartan y nos dejan respirar un poco. Todas las calles del pueblo son de tierra; las casas son muy pequeñas, todas del mismo color terroso.

Llegamos a la casa de piedra donde vivió Francis de niño y que también hacía las veces de dispensario. Se ha olvidado las llaves, que aún guarda su madre, en Nasik, y no podemos entrar. Ahora nadie vive en ella. Nos sentamos él y yo en el banco de piedra de la entrada. Es emocionante pensar que en esta casa empezó mi segunda vida, la que tengo ahora. Si mi padre no me hubiese traído aquí, yo habría vivido una vida totalmente diferente. Francis me dice que no había removido este episodio del pasado de su familia hasta que Nirmala le pidió que hiciera esta «investigación» para mí. Y ahora, los dos sentados en el banco de piedra de la casa del catequista, observo en silencio las casas de la calle de enfrente, un paisaje que cuando éramos pequeños compartimos. Francis dice que prácticamente no ha cambiado nada en treinta y pocos años. Unas mujeres sentadas en el suelo limpian jarros de aluminio; un lechón atraviesa la calle buscando algo de comida. Ni ellas ni yo damos ningún paso para acercarnos las unas a las otras. Sólo se ven mujeres, y las mujeres, a diferencia de los hombres, como todos los que había en la entrada del pueblo, lo observan todo a distancia y con discreción. Junto a la casa de Francis hay un pequeño templo que parece abandonado. Se respira tranquilidad. En aquella casa empecé el viaje hacia la nueva vida, el primer paso hacia Barcelona.

Se llega a Kolpewadi por un puente que cruza el río, donde las mujeres hacen la colada. En los alrededores hay algunas casas, muy sencillas, la mayoría de paredes de adobe, algunas de obra, con vacas de largas y afiladas cornamentas, enganchadas a los carros de madera de grandes ruedas que están aparcados en medio de los patios. Hay trajín de coches, motos y bicicletas. Francis nos guía hasta el barrio de

Kalgaon-Thadi, en las afueras de Kolpewadi, y aparcamos el
jeep lejos de la casa de mi hermana, al principio de la calle.
Un grupo muy numeroso de hombres y niños nos rodea,
prácticamente no nos deja ni abrir las puertas para salir del
coche. Y empieza a llover. Tengo los nervios a flor de piel, ya
no sé ni qué siento.

   ¿Qué le diré a mi hermana? ¿Qué se le dice a una hermana que no te ve desde hace tantísimos años? ¿Qué se le
cuenta a una hermana de la que te separan mares y desiertos,
creencias y lenguas, culturas y vivencias? ¿Y ella? ¿Estará
igual de nerviosa que yo?

   Camino hacia su casa por la calle sin asfaltar, acompañada
por Francis y el periodista del diario *Sakal*. Un grupo de
hombres vestidos de blanco con el sombrero de marinero
antiguo y niños con uniforme escolar azul nos sigue decidido
calle abajo, armando un gran bullicio. Parece una procesión.
Hay vacas por todas partes, una fuente y gallinas que corren
de un lado a otro. Y un silencio extraño. De repente la lluvia
cesa, como si también quisiera observar la escena.

La casa de mi hermana es la típica casa de una familia normal del pueblo, la familia de un trabajador de la fábrica de

caña de azúcar. Estas casas se denominan *vasti*. Una construcción cuadrangular de obra, con tejado de uralita, un pequeño porche con sillas de plástico, y en la entrada dos búfalas de larguísimas cornamentas y tres terneros pequeños, todos de un gris muy oscuro, atados en el pequeño establo... Y allí está Asha, vestida con un sari de color rosa, menuda como yo, de mirada oscura como yo, con el pelo recogido. E igual de emocionada que yo. Francis nos presenta. Se nota que él, hasta ahora tan seguro de todo, tampoco sabe cómo debe actuar ni qué debe decir.

Asha y yo nos abrazamos, lloramos, reímos…, hablar es imposible. Yo no sé ni media palabra de maratí; ella sólo sabe hablar esta lengua. Tengo la sensación de estar viviéndolo todo a cámara lenta. Bikhaji, su marido, está allí, con la cara más alegre que ayer. Su mujer está feliz y él también. Hoy es un gran día para la familia Meherkhamb.

Sheetal, la mayor de mis sobrinos, que está casada y vive en otro pueblo, no ha podido venir, pero los otros tres sí están presentes. Están contentísimos de verme. Nos sentamos en el porche, en las sillas de plástico rojo, y Francis va haciendo las veces de intérprete. De pronto no sólo la lluvia sino también el tiempo se ha detenido. Completamente.

Las dos Ashas nos sentamos de lado, cogidas de la mano. Nos miramos sin decir nada y sólo podemos llorar. Nunca había mirado a nadie de esta manera, queriendo encontrarme a mí misma reflejada en las pupilas de sus ojos, sabiendo que allí dentro quizá también esté yo, que tal vez mi imagen haya quedado impresa allí durante todos estos años. Asha también me mira con un gesto interrogante, emocionado y sorprendido. ¿Cómo me había imaginado ella? ¿Qué idea se había hecho de mí? ¿Qué imagen de mí ha retenido durante todos estos años?

Se nota que es mi hermana mayor, me trata como tal. Me enjuga las lágrimas con su sari y me dirige palabras de consuelo que no entiendo.

La intimidad es escasa, ya que prácticamente todo el pueblo nos está mirando. Entiendo que no puedan evitarlo, pero hubiese preferido no tener tanta gente a mi alrededor en Kalgaon-Thadi. Sus vecinos forman una masa de gente descontrolada, sobre todo hombres y niños, que rodea la casa, se encarama a los pilares de madera del pequeño establo de las vacas; es increíble que entre todos no lo hundan. Las mujeres están todas juntas en un lado de la casa, a más distancia. Las miro de reojo y veo que algunas vecinas se han emocionado y se pasan pañuelos las unas a las otras. De pronto el pueblo entero está viviendo estos momentos como si también fuesen parte de su historia. Lloran y ríen con nosotras; los sentimientos se viven en comunidad: la historia de Asha también la sienten suya.

Asha me enseña su casa. Francis va traduciendo todo lo que me dice. No hay más que una sola habitación con las paredes pintadas de un verde muy claro. Una guirnalda de flores naranjas colgada de la puerta da la bienvenida. Es una habitación pequeña, rectangular, de unos doce metros cuadrados, con una cama arrinconada en una esquina, al lado de la ventana de la entrada, y un armario con puertas. No hay objetos ni aparatos de ningún tipo, sólo un farolillo de papel chino colgado del techo, una imagen de Jesús y un perchero de madera con algunas cosas colgadas. En una de las paredes hay tres pósteres con paisajes y otro con el alfabeto inglés para niños. Frente a la puerta de entrada hay otra puerta que da a las letrinas y al lugar que les sirve de aseo. La cocina es oscura, sólo tiene una pequeña ventana, y un fregadero, los fogones, algunos tarros con harinas, tés y especias, platos de aluminio...

En toda la casa sólo hay una bombilla y, para encenderla, mi sobrina, Savita, tiene que subirse a una silla de plástico rojo del porche para coger un cable eléctrico enrollado en una viga, desenrollarlo, dárselo a su padre para que lo apuntale a un palo con forma de horca y vaya a enchufarlo al otro lado de la calle, dentro de otra casa.

Las ventanas tienen rejas pero no tienen cristales. Los dos niños y Savita duermen en el suelo, encima de unas esteras, y Asha y Bikhaji, en la cama. En el suelo también deben hacer los deberes de la escuela o entretenerse cuando llueve, y allí es también donde comen todos. Intento imaginar las escenas de su vida cotidiana, y me cuesta. Todo es tan reducido y escaso que hasta duele describirlo.

Asha entra en la cocina con otras dos mujeres que la ayudan a freír una especie de espirales de pasta de patata y unos buñuelos de cebolla con algún otro ingrediente para mí desconocido. Se mueve por la cocina enérgica y sin parar de hablar con sus amigas; su gesto al mover los buñuelos en el aceite hirviendo es firme, decidido. Ella parece ser el centro de esta casa y me gusta oírla hablar con unos y otros. Comemos lo que va saliendo de la cocina en bandejas de aluminio, sentados todos en el suelo, entre la cama y el armario, y rodeados de decenas de personas que quieren entrar en la casa y nos miran desde las puertas y ventanas, empujándose unos a otros. Debemos de ser para ellos un gran espectáculo. Me siento como una fiera del parque zoológico. ¡Tenemos que pedir que se aparten un poco de las dos puertas porque nos falta el aire para respirar! El calor es intenso, y el bochorno aún más. Asha coge un buñuelo y me lo pone directamente en la boca sin avisar ni dejarme replicar. Otro buñuelo, otra galleta... Después me explican que este gesto de dar la comida al otro es un símbolo de afecto.

Mis sobrinos pequeños, Bausaheb y Rahul, se parecen mucho a mí. Nos parecemos tanto que alguien comenta que podrían ser perfectamente hijos míos. Se parecen mucho a mí físicamente, incluso más que a su madre, pero también somos iguales en la forma de mirar y de hablar y en algunos gestos. Incluso yo me doy cuenta. Se nota mucho que somos de la misma familia. Ellos también lo notan y están contentos. Son simpatiquísimos y no paran de sonreír y de entrar y salir de la casa para comentar todo lo que pasa con sus compañeros de clase y amigos del barrio que están fuera. Todos los niños van vestidos con los uniformes azules de la escuela. Mis sobrinos parecen muy inteligentes y saben perfectamente quién soy y por qué he ido a su casa. A pesar de los escasos recursos que tiene la familia de mi hermana, los niños parecen sentir pasión por los estudios. Lo observan todo sin perder detalle y repiten todas las frases que saben decir en inglés como si intentaran demostrar que pueden hablar y entendernos correctamente.

Mi sobrina Savita no ha parado de sonreír desde que nos hemos conocido. Es muy cariñosa y está pendiente de todo: de lo que pueda necesitar su madre, ahora una silla de más para uno, ahora una taza de té para otro, y también de todo lo que está pasando.

Siempre había imaginado el reencuentro con mi familia biológica y me había preguntado si me parecería o no a ellos. Siempre había pensado que no tendríamos nada en común, que mis gestos tan mediterráneos, la forma de hablar deprisa de mis padres adoptivos, la educación recibida en Barcelona, me alejarían totalmente de aquellos con los que comparto una madre, un padre, unos abuelos, unos antepasados comunes. Siempre había defendido la idea de que la familia adoptiva y la cultura de adopción son lo que te marca para siempre. Pero ahora ya no sé qué pensar. Porque, aun siendo cierto que hay más cosas que nos separan que cosas que nos acercan, y a pesar de que el hecho de hablar a través de un intérprete hace imposible una buena comunicación, de alguna manera me siento en casa.

Pero también soy plenamente consciente de que sería incapaz de vivir aquí. Siento tener que reconocerlo. Los miro a todos, a Asha, a su marido, a sus hijos, con la certeza de que también son mi familia y de que lo darían todo por mí. Todo y más. Aunque yo sea una completa desconocida para ellos. No sabemos nada los unos de los otros, pero, aun así, nos unen unos sentimientos muy intensos. ¡Me gustaría tanto que mis padres aparecieran de repente desde Barcelona para presenciar todo lo que estoy viviendo!

Mis dos sobrinos pequeños insisten una y otra vez en que nos hagamos fotos los tres juntos, muchas fotos. Vivo cada escena como si estuviera en una película.

Sin acabar de creérmelo del todo, empiezo a pensar en qué podría hacer yo por ellos: una escuela, un dispensario médico para el pueblo, un centro cultural... Sólo con un pequeño esfuerzo económico podría ayudar mucho a la gente de Kolpewadi, y la idea me hace sentir entre contenta e incómoda. Después vendría el trabajo de hacer el seguimiento a distancia, de asegurarme de que el proyecto funciona... Me llevaría hoy mismo a mis dos sobrinos pequeños escondidos en mi equipaje y atravesaría con ellos medio mundo para enseñarles dónde vivo... Imagino por un momento a Asha en mi casa, cocinando, mirando mis álbumes de fotos y presentándosela a mis padres.

Y mientras todas estas ideas acuden a mi cabeza, de repente pienso que los términos de ayuda que me planteo son los más típicamente occidentales y me da un poco de vergüenza. ¿Una escuela? ¡Ya tienen una! Un dispensario médico, un centro cultural... ¡quizá no les haga falta nada de

todo eso! Seguramente prefieren que los visite a menudo.
Tal vez los incomodaría que la hermana de Asha, a la que la
vida llevó hasta Europa y que ahora tiene una vida inimagi-
nable para ellos, les arreglara medio pueblo. He de meditarlo
con calma. Pero sé que encontrar a mi hermana representa
un gran cambio y que todo lo que seguirá es ahora mismo un
gran interrogante, tanto para ella como para mí.

«Recé mucho para encontrarte, sabía que te encontraría, que
algún día volvería a verte —me dice Asha a través de Francis
camino de Shaha, el pueblo donde nacimos ambas—. ¡Me
gustaría decirte tantas cosas!» Realmente la lengua nos frena
mucho. Ella habla maratí con algunas variantes dialectales.
Me dice también que normalmente habla mucho, que yo no
crea que es tímida o reservada, pero que ahora no me puede
decir todo lo que desearía. «¡Qué pena que no hables
maratí!» Sí, es una pena. Esta decepción ya la superé la
primera vez que volví a India, cuando aún suspiraba por entender la que había sido mi lengua, pensando que los idiomas que se han aprendido una vez quedan grabados para
siempre en el cerebro. Y no es exactamente así. Un niño
puede borrar totalmente su lengua en menos de seis meses si

nadie se la habla ni la oye hablar en ninguna parte. Pero ese mismo niño puede tener una gran facilidad ya de mayor para aprender aquella lengua olvidada, porque los sonidos sí que quedan almacenados en algún rincón de su memoria. Me gustaría estudiar maratí algún día, volver a Kolpewadi y poder tener una conversación con mi hermana sin intérpretes. Francis es un traductor perfecto, el mejor intérprete que podíamos tener. No para de hablar, en una lengua, en otra. Él también es protagonista de nuestra historia y vive estos momentos intensamente. Aunque no le pregunte, se adelanta y me explica cosas que cree que son importantes, repite las veces que haga falta su explicación. A veces me cuesta entender su acento en inglés, y él se esfuerza al máximo hasta que Asha y yo nos quedamos satisfechas.

Mi hermana y yo vamos en el asiento delantero del jeep, con Akaram conduciendo hacia Shaha. En el asiento de atrás, Jordi, Francis y el periodista. Y en la zona de carga, detrás de todo, dando botes y riendo entre el equipaje y las cámaras, Mikele, Anna y Grau. Los baches son continuos.

Al salir de Kalgaon-Thadi para ir hacia Shaha, el marido de Asha quería venir con nosotros, pero no cabía. Se ha quedado muy intranquilo. ¡Creo que tenía miedo de que nos llevásemos a Asha!

Vamos por una carretera muy estrecha que serpentea... Tres niños se alivian junto a la carretera; parece que es el

sitio más entretenido para hacer sus necesidades, mientras
charlan y miran pasar los coches, los carros y las bicicletas.
Los tres nos saludan efusivamente con la mano, en cuclillas y
con los pantalones bajados.

Imagino a Radhu arando los campos como ahora lo hacen
los hombres que vemos por la ventanilla del jeep, vestidos de
blanco entre la tierra oscura y polvorienta. Pasamos de largo
pueblos con casas de adobe y tejados de paja, y casas pequeñas de obra, cuadradas, de construcción reciente. Observo cada detalle del paisaje, solitario, árido, los árboles y
sus formas... Dejamos la pequeña carretera y volvemos a en-
filar la carretera principal, que es un poco mejor que la que
va de Shirdi (la ciudad donde está el gran templo de Sai
Baba) a Nasik. Asha y yo recorremos gran parte del trayecto
cogidas de la mano, como si no quisiéramos vivir por separado estos nuevos sentimientos. Estamos las dos muy emocionadas camino de Shaha. Es como si cogidas de la mano
nos hablásemos, y pudiésemos transmitirnos lo que siente
cada una. Hay momentos en la vida en que las palabras están
de más.

Shaha pertenece al *taluka* de Sinnar, una zona muy árida y

pobre y de difícil cultivo. Asha me dice que va bastante a menudo, más o menos cada dos meses, para saludar a todos los familiares que viven allí, con los que mantiene el contacto. Enfilamos una nueva carretera. Ésta es muy estrecha y prácticamente no queda ni pizca de asfalto. El camino se me hace larguísimo; la monotonía del paisaje adusto, que es precioso, en lugar de relajarme me está poniendo nerviosa. Cuando menos lo espero, llegamos a Shaha. Pero pasamos de largo el pueblo principal porque resulta que nosotras nacimos en un lugar llamado Chari Kramanka Athara, que traducido sería «Subcanal número 18 de Shaha», una especie de acequia que trae agua del río Godavari. Somos hijas del Godavari.

Nos cruzamos con un tractor rojo, una pareja que nos saluda con la mano, sonriente. A ambos lados de la carretera hay campos de maíz, vacas, rebaños de cabras... Ahora sí. Entramos en la aldea, barrio o como se llame, de las afueras de Shaha. En el Subcanal número 18. Y se acaba el asfalto, definitivamente. Dos chicos en bicicleta nos hacen de escolta y nos van indicando el camino. No es nada habitual que aparezca un coche tan grande y lleno de gente extranjera por Shaha.

Por fin bajamos del coche. Hay pocas casas de adobe y tejado de paja, vacas atadas en los establos y campos arados. La tierra está caliente. Sopla un viento cálido. Hay silencio.

Van saliendo mujeres con sari, niños y hombres mayores de
no sé dónde, porque el pueblo parecía medio abandonado y
las casas son pequeñas. Asha parece conocerlos a casi todos
y me los presenta, uno a uno, y todo el mundo me mira
como hipnotizado. Procuro imaginar qué siente Asha pre-
sentando a su hermana, décadas después de haberla perdido
de vista, a la gente del pueblo donde nacimos. Yo siento un
nudo en el estómago y me pregunto si lo que vivo no será un
sueño.

Nos cogemos de la mano y caminamos hasta un campo
desde donde se ve la casa donde nacimos. Allí, entre aquellas
paredes y el tejado de paja que se divisa recortado en el horizonte, convivimos de pequeñas. Ella, Asha, hace menos de
cuarenta años. Yo, Usha, hace unos treinta y cinco. Ahora ya
dudo de mi edad, de mi fecha de nacimiento, pero no me
importa. No tengo ningún interés por verificarla, y además
sería imposible encontrar a alguien que realmente recordara
en qué día exacto Sitabai tuvo a la pequeña Usha. Asha me
propone ir andando, a campo través, hasta la que fue nuestra
casa, pero el cansancio puede conmigo, no me quedan
fuerzas para caminar, para ver, para sentir... Entre que sólo

he dormido dos horas y toda la emoción acumulada, soy incapaz de dar ni un paso más. De momento, me basta con verla de lejos.

Cogidas de la mano, las dos Ashas, la de Oriente y la de Occidente, muchos años después de habernos marchado de Shaha, contemplamos el horizonte y los campos, escuchamos el murmullo de los árboles que el viento agita. A lo lejos, dos hombres vestidos de blanco aran los campos con vacas de cornamentas pintadas de naranja y azul turquesa. ¡Nuestro padre, Radhu, debió de hacerlo tantas veces! Las cenizas de nuestra madre, Sitabai, están esparcidas por estos campos, en esa tierra que estamos pisando ahora mismo. No hay nada que indique el lugar concreto. Murió cuando yo tenía tres meses. Voy repitiéndome para mis adentros todo lo que he descubierto ahora, a fin de grabarlo bien en la memoria. Sitabai. Sita. ¡Mi madre tenía que tener nombre de diosa! Éste es el nombre de mis orígenes.

Llevo sandalias y noto el calor de la tierra en los pies. Pienso en Sitabai y me la imagino mirándonos a Asha y a mí juntas. Unidas para siempre.

La gente de Shaha nos mira, y me reconozco en muchos de sus rostros. Sé que algunos de ellos tienen mi misma sangre y una genética parecida, ¡pero nos separan tantas cosas! Me presentan a la mujer de nuestro hermanastro (el hijo de Radhu y Shevbai) y a dos de sus hijos. Uno de ellos se parece a mí, como mis sobrinos pequeños, los hijos de Asha. Se nota que somos parientes. Me reconozco constantemente en las caras de la gente de Kolpewadi y de Shaha. Ellos también me reconocen como miembro de su familia. ¡Cuántos rostros familiares, qué sensación tan extraña! ¡Yo que siempre me había sentido tan diferente de todo el mundo! Anna y Mikele bromean: «¡Mira, por ahí viene otro Miró!». Es mi gente sin que sea realmente mi gente, porque no hay nada, aparte del aspecto físico, que nos una. Sólo quien haya vivido esta experiencia de lo próximo y lejano a la vez, podrá entenderme.

Deshacemos el camino para volver de nuevo a Kolpewadi. Al marido de Asha se le ilumina la cara cuando nos ve llegar, y a Savita, Bausaheb y Rahul también. Me dicen que es una lástima que tengamos que regresar a Nasik tan pronto, hoy mismo. Que tengo que volver otra vez con más tiempo, que hay mucha gente que se ha quedado con ganas de verme: primos, hijos de esos primos, tíos... La casa de los Meherkhamb continúa llena de curiosos, de vecinos y vecinas de todas las edades que comentan la historia.

Me pregunto si podría resistir mucho tiempo en la pequeña casa del barrio de Kalgaon-Thadi; constato de nuevo que soy occidental de pies a cabeza en el peor de los sentidos. Me he criado con todas las comodidades y ahora sería incapaz de dormir en el suelo de la pequeña sala de la casa de los Meherkhamb, mezclada con los demás, literalmente pegados los unos a los otros, sin ningún tipo de intimidad, oyéndolos respirar, aguantando la tos de uno, las pesadillas del otro. Quizá podría pasar un día allí, pero he de reconocer que no más. Y en su baño no sabría por dónde empezar a lavarme ni cómo, y no cabrían ni la mitad de mis jabones y cremas. Creo que me moriría de hambre, porque me cuesta mucho acostumbrarme a la comida de India, a las especias, a todo lo que no conozco. Y acostumbrarme a las aguas que sé que es mejor no beber, porque nuestros organismos no están preparados (y aun tomando muchas precauciones, desde el primer día noto sus efectos), al té con leche que beben a todas horas y que no me entusiasma, a no ser que

agreguen una cantidad de azúcar desproporcionada... Sé
que sufriría mucho; me avergüenza tener que reconocerlo,
pero así es.

❧❦ ❦❧

Asha y Savita me enseñan fotos familiares, y los dos pequeños también participan, comentándolas. Ésta es la escena
que más nos acerca los unos a los otros desde que he llegado,
el momento que nos resulta más familiar y habitual a todos.
El lenguaje de las fotos es universal: sentarse en el porche de
una casa y pasarse fotografías de todo y de nada, de un espectáculo de la escuela de los niños, de un baile de disfraces,
de una excursión a un templo... Ahora sí me siento en casa,
en familia. Y ellos también. Me gustaría que este momento
se prolongase al máximo. Me gustaría volver cargada con
mis fotos para explicarles con imágenes todo lo que he
vivido desde que me dejaron con las monjas hasta ahora.
Quizá esto es lo que tendré que hacer pronto.

Asha, aquella niña que, sin poder decidir, de repente tuvo
que quedarse sin su hermana pequeña, se merece una explicación. Se merece que yo regrese con todas las respuestas a
sus preguntas, y como no se las puedo dar con palabras, hacerlo con fotografías me parece una buena idea. Y yo tam-

bién tengo muchas preguntas que espero poder hacerle con calma. Hoy, apenas podemos asimilar tanta novedad.

Han avisado al fotógrafo del pueblo y la sesión fotográfica familiar comienza. Van desfilando unos tras otros por el porche para inmortalizarse a mi lado.

Asha me regala dos de las fotos de su colección para que me las lleve a Barcelona y no la olvide, y un *salwar kameez* para mí y otro para Anna. Un grupo de vecinas ha entrado en la casa y, a toda costa, tirando de nosotras por todas partes, insisten en que nos los pongamos en la cocina, entre carcajadas y frases divertidas que no entendemos. Nos medio desnudan y entre todas nos embuten en unos *salwar kameez* que nos hacen sudar todavía más. El lenguaje de la ropa entre mujeres también es universal.

Ha llegado el momento de irnos. Asha llora. Viene hasta el jeep aparcado cogiéndome de la mano. Cada segundo que pasa se hace eterno. Estando yo ya en el coche, después de habernos abrazado y habernos besado, de habernos despedido sin palabras, me toma fuertemente la cara entre sus dos manos y después hace repicar los nudillos en su cabeza, a ambos lados de la cara. Unos gestos muy rápidos y precisos que repite un par de veces. Savita se despide de mí con los mismos gestos, imitando las bendiciones de su madre. He de preguntar qué significa exactamente este gesto.

Siempre recordaré la mano de Asha abierta contra el cristal de la ventanilla del coche y sus ojos llenos de lágrimas mirándome. Unos ojos anegados de pena, que se me hacen insoportables. Viéndola sólo puedo continuar pensando en la Asha pequeña, en la Asha que se quedó sin hermana hace casi treinta años. No quiero que sea la última imagen que me quede de ella. Sé que volveré pronto. Quiero volver a verla. Habrá que idear una forma de comunicarnos, pero no podemos volver a pasar varios años sin saber nada la una de la otra. Le pido a Francis que le repita una vez más que volveré, que no la olvidaré nunca, que iré mandando noticias y que a través de él también me envíe ella noticias suyas. El pueblo entero nos dice adiós con las manos; algunos niños corren detrás del coche cuando se pone en marcha. Ya no puedo seguir mirando atrás. Yo también lloro.

El hecho de llamarnos las dos hermanas igual hace pensar en una especie de doble vida de una misma persona; en las dos caras de la luna, de una moneda, en el reflejo de un espejo.

Asha, que vive en Kolpewadi, podría ser Asha, que vive en Barcelona. Yo podría ser ella. Si Radhu hubiese pensado que era más difícil ocuparse de una niña de pocos años que de una de meses, mi vida habría sido otra, y seguramente muy parecida a la que ha vivido Asha. Tan parecida que quizá hubiera sido la misma. Tal vez ahora tendría cuatro hijos y un marido como Bikhaji. Y la vida de Asha habría podido ser muy similar a la mía. Quizá la habrían adoptado mis padres Quizá ahora ella sería catalana y yo sólo hablaría un dialecto del maratí. O quizá ella sería succa, o italiana, o francesa... Los interrogantes son inabarcables y sin ninguna respuesta posible.

En todas las historias de adopción existe este punto de magia, de azar, de camino predestinado, de elección, según las creencias de cada uno, que las hace a todas especiales y únicas. Hoy me he acercado por primera vez a lo que habría podido ser mi vida si no hubiese sido entregada por mi padre ni adoptada. He estado muy cerca, tan cerca que me he visto allí, viviéndola.

Asha significa «esperanza», y tal vez ella, mi hermana, quiso agarrarse a su nombre para conservar ella también esa esperanza.

Una vez en Nasik, nos despedimos de Francis y de su amigo periodista, que debe ir enseguida a escribir su artículo para que salga publicado al día siguiente. La ayuda de Francis ha sido la mejor que podría haber encontrado y le estaré siempre agradecida.

Entramos en el convento de Dev-Mata una vez más, cruzando el jardín que a mí se me antoja un oasis de paz, y Nirmala y Merlyn nos reciben contentas. Nos estaban esperando con unas ganas inmensas de que les contáramos todo lo que hemos vivido en Kolpewadi, punto por punto. Nos han preparado un té con un bizcocho que han hecho ellas mismas, para acabar la tarde. Nirmala está feliz porque me ve feliz, aunque muy cansada, y ahora entiende que para mí era importante reconstruir mi pasado.

Vamos a la capilla de Santa Ana, que está muy cerca del convento. Es el lugar donde me bautizaron. Nirmala y Merlyn nos acompañan. El nuevo sacerdote —que cuando llegamos está jugando fútbol en el patio, vestido de paisano, con un grupo de niños— nos da el libro de registros donde figura mi partida de bautismo, un libro enorme y de apariencia antigua. Este mismo libro ya lo vi hace unos años, cuando vine también hasta aquí. Pero entonces me conformé con que el padre Prakaast, que se ocupaba de la capilla entonces, me copiara toda la información. Ahora no, ahora me inclino sobre las páginas, ya viejas y oscurecidas, escritas con letra inglesa y tinta antigua, y resigo cada casilla con el dedo. Número de bautismo: 776. Fecha: 7 de mayo de 1969. Nombre: Asha Mary. Día de nacimiento: 7 de noviembre de 1967. Nombre del padre: Radhu Kasinath Ghoderao. Nombre de la madre: Shevbai Ghoderao.

Y aquí me detengo. ¿Por qué pone Shevbai si ella no es mi madre? Resulta que en aquellos años y en este tipo de registros sólo figuraba la primera esposa del hombre, que era la mujer oficial, la que contaba. Éste es el motivo por el que Sitabai, mi madre biológica, no aparece en ningún sitio. Todavía recuerdo la emoción que sentí la primera vez que leí el nombre de Shevbai, pensando que era el nombre de la mujer que me había dado la vida. Durante estos últimos años incluso pensé que si alguna vez tenía una hija biológica, la llamaría Shevbai. Ahora sé que no fue Shevbai quien me dio la vida, pero sí dio la vida a mi hermanastra mayor, Sakubai, que me crió cuando murió mi madre. Y de alguna manera también le estoy agradecida y también forma parte de mi árbol genealógico, particular y lleno de curiosidades.

Continúo leyendo la partida bautismal. Lugar de nacimiento: Shaha. Siento un gran escalofrío. ¡Todas las piezas del rompecabezas encajan! Si en 1995 hubiese insistido en leer yo misma esta página del libro de registros, habría encontrado escrito el nombre de mi pueblo y no habría seguido todos estos años convencida de que había nacido en Nasik. Acabo de reseguir las casillas de la página. Profesión del padre: campesino. Padrinos del bautizo: Stanislaus Gonzalves (Nirmala me explica que era el padre de Meena, una de las monjas del Dev-Mata) y María Angela Dias (la prima de Nirmala). Sacerdote: Martín de los Ríos. Respiro tranquila. Parece que ahora sí todo cobra sentido, que todo ha tomado la forma definitiva, que ya no hay lugar para más confusión.

Se está acabando el día y me abrazo a Nirmala una última vez. Está llorando, todos lloramos. No sé qué decirle, no sé siquiera si le he dicho todo lo que siento, lo que he sentido. No sé si he sabido encontrar todas las palabras de agradecimiento por haberle pedido a Francis que encontrara toda la información sobre mi pasado, por haberme ayudado a encontrar a mi hermana, pero sobre todo por haber aceptado la petición de Radhu y del padre de Francis cuando yo era pequeña, un día de los últimos años de la década de los sesenta, por haberse ocupado de mí cuando era niña, durante años, en el Dev-Mata, y después por haber insistido en que me trasladaran al Regina Pacis de Mumbai para que recibiera una educación. Supongo que tenía claro que enviándome a Mumbai tendría más posibilidades de vivir un futuro mejor. ¡Cuántas cosas importantes de mi vida ocurrieron gracias a esta mujer a la que ahora abrazo!

Nirmala se queda allí con Merlyn, pero mañana regresará a Mumbai, donde ahora reside la mayor parte del tiempo. Se queja de su salud, pero es fuerte, y espero de veras poder visitarla muchas otras veces. Salgo del recinto del Dev-Mata por la puerta de hierro, bañada en lágrimas y con un sentimiento profundo de agradecimiento, convencida de que allí también tengo una casa para siempre. Merlyn me lo ha dicho muy en serio, como nueva responsable del convento, y la creo.

Al atardecer, cuando llegamos al hotel de las afueras de Nasik, en la recepción me preguntan si soy Asha Ghoderao. Es la primera vez que alguien me hace esta pregunta y me impresiona. «Sí, soy yo, ¿por qué?». Uno de los recepcionistas me da una hoja donde anotan los mensajes para los clientes. Ha llamado alguien preguntando por Asha Ghoderao. A partir de este momento recibo unas cuantas llamadas de primos y parientes de todo tipo que viven en Nasik y que han sabido que me alojaba en este hotel, que ya habían oído todo tipo de detalles sobre cómo había ido el encuentro entre las dos Ashas... Tanto su inglés como el mío son precarios, y las conversaciones no pueden alargarse gran cosa. Uno me dicta su dirección de correo electrónico para que le escriba; otro me pide que vaya mañana a su casa para que me conozca toda su familia... Les respondo a todos que pronto regresaré a Mumbai y que de allí saldré hacia Barcelona. No lo entienden. Si ya he encontrado a mi familia, ¿por qué he de volver a Barcelona? Me doy cuenta de que para muchos es una pena que haya tenido que vivir lejos de India y que para otros tuve mucha suerte. Yo continúo albergando sentimientos contradictorios: sé que soy de aquí y me gustaría poder entender mejor la forma de vida de este país, pero soy tan europea que me sería muy difícil adaptarme.

No lo he soñado. Me despierto en Nasik y me doy cuenta de que todo lo que viví ayer fue real. Asha y Usha, las dos

Ashas, nos volvimos a encontrar años después de que los caminos de la vida nos separasen. Los trabajadores del hotel me saludan con una sonrisa especial: en el periódico *Sakal* ha salido publicado el artículo de Vinod Bedarkar, con una fotografía a todo color de Asha y mía en portada. Miles de lectores de todo el estado de Maharashtra conocerán la noticia y nuestra historia. Mientras el artículo de nuestro reencuentro da la vuelta a Maharashtra, la prensa india en inglés continúa hablando del cine de Bollywood y de los últimos grandes éxitos, de las disputas entre hindúes y musulmanes por construir un templo, del crecimiento espectacular de la clase alta india, de la muerte de centenares de personas en un terrible accidente del tren nocturno que hacía el recorrido de Karwar a Mumbai, de las consecuencias de la invasión de Irak en el mes de marzo —*invasión* es la palabra que utilizan—. Mezcladas con las noticias más internacionales y las fotografías más modernas, hay dos páginas llenas de anuncios de padres que buscan maridos y esposas ideales para sus hijos e hijas. Sorprende leer que los más solicitados son los NRI (*non-resident indians*), los indios que viven en el extranjero. India es un país de grandes contrastes, de gente extremadamente rica y occidentalizada, que vive a escasos metros de gente que no tiene prácticamente nada; un país que avanza, que tiene grandes intelectuales, la mayor industria cinematográfica del mundo, y que en cambio continúa rigiéndose por costumbres ancestrales, como los matrimonios concertados por los padres. Dejo todos los otros periódicos a un lado y me quedo con el *Sakal*, con una sensación extraña al ver la fotografía de mi hermana y mía en primera página. Pido que me traduzcan el texto y me hace gracia escuchar el relato de la historia de nuevo.

Después de desayunar doy una vuelta por el centro de Nasik y aprovecho para comprar unos cuantos ejemplares del *Sakal* en un pequeño quiosco callejero. Pasa un gran elefante y le doy unas monedas, que recoge con la trompa y se las sube a su amo, que va sentado en su lomo. Es la distracción de los domingos en las calles de la ciudad. Paseo por los puentes y por los callejones estrechos con más seguridad que nunca, tranquila, como en casa. Nasik hubiese podido ser mi ciudad; mejor dicho, también es mi ciudad.

18

SITABAI Y SAKUBAI

Han pasado unos días desde el reencuentro con mi hermana. He perdido la noción del tiempo, y parece que haga ya mucho desde aquel entonces. En India las horas pasan de otra manera, como si el tiempo discurriera de una forma extraña. Tampoco sé qué siento, es muy difícil describirlo. ¡Se me han quedado tantas preguntas por hacerle a Asha! Todo fue demasiado deprisa, y necesito volver a verla. Necesito saber más cosas de ella. Y supongo que ella debe de tener todavía más preguntas por hacer que yo.

Aprovechando que me puedo escapar del rodaje, le pido a Francis que me ayude un poco más; lo necesito como intérprete pues quiero llegar al fondo de mi historia, encontrar las pocas piezas que todavía me faltan para poder entender lo que le ocurrió a mi familia, lo que les pasó a mis padres. Francis no lo piensa dos veces y pide permiso a la directora del colegio donde trabaja para volver a recorrer las aldeas que haga falta. Esta vez sin cámaras, sólo con Anna y conmigo, en otro jeep de alquiler. El nuevo chófer se llama Kumar.

Salimos por la mañana temprano camino de Kolpewadi sin que nadie sepa que vamos hacia allí. Hace calor. El coche va haciendo eses por entre los miles de baches de la carretera, esquivando camiones, bicicletas y perros. «Si avisamos de que vuelves y corre la voz, habrá como mínimo quinientas personas esperándote en la entrada del pueblo —me asegura Francis—. Sobre todo después del artículo del *Sakal*, que ha impresionado mucho a los lectores». Así es que no decimos nada a nadie. ¡Sólo espero encontrar a Asha!

Mientras vamos comentando unas anécdotas y otras de mi historia, Francis me dice que la casa de Sakubai, la mujer que me amamantó cuando murió mi madre, una de las hijas que mi padre tuvo de su primer matrimonio con Shevbai, no está muy lejos de donde pasamos ahora. «¿Aún vive?». «Ya lo creo, ¡y parece ser que se enfadó mucho el otro día cuando supo que habías aparecido de pronto, de la nada, y nadie la había ido a buscar!». Ni corta ni perezosa, le pido a Kumar que nos desviemos enseguida por una carretera de tierra y vayamos en dirección a Ujani. Éste es el nombre de la aldea donde vive Sakubai.

Detenemos el jeep, y Francis, Anna y yo caminamos hacia una casa solitaria, con tejado de paja y paredes de adobe, que se divisa en mitad de unos campos. El silencio es total. Entre las plantas de *bajra* de un campo (una especie de maíz más pequeño, alargado y estrecho del que nos es familiar), se ve a un hombre ya mayor, vestido de blanco, que arranca hierbajos. Francis me dice que es el marido de Sakubai. Nos acercamos. El hombre nos mira, sorprendido, y espera. Cuando Francis nos presenta, su emoción lo desborda. A poca distancia, su camisa y su pantalón ya no son tan blancos como parecían de lejos. Su piel es muy oscura; parece muy mayor, aunque no debe de tener más de sesenta años. Es Hari Jagtap, el marido de mi hermanastra.

Sakubai no está. Primero entendemos que está ingresada en el hospital de Shirdi por problemas respiratorios. Después resulta que está en una aldea de las afueras de Shirdi, en casa de una de sus hijas, pues sufre un asma severa y necesita tratamiento. Va al hospital a diario y no puede alejarse mucho de allí. Shirdi no está muy lejos de donde estamos ahora. Y entre que es temprano y que en India el tiempo parece detenerse para mí, decidimos ir a verla. También por sorpresa. Pero Hari quiere acompañarnos. No cierra la casa ni coge nada antes de venir con nosotros; sólo se baja las mangas de la camisa, que llevaba remangadas.

Hari y yo caminamos desde sus campos hasta el jeep aparcado en el camino de tierra cogidos de la mano. Me la coge él. Noto su mano de piel rugosa y seca, que hace un momento escarbaba la tierra, contra la palma de mi mano, y sé que aquel hombre siente algo especial por mí.

Ahora sí que vamos a Kolpewadi a ver a Asha, y con ella iremos a visitar a Sakubai. Pasamos todo el trayecto desde Ujani hasta Kolpewadi charlando. Francis va traduciendo sin parar todas las preguntas y todas las respuestas. Hari parece tener una gran memoria, y desandar los caminos de la historia treinta y cinco años no parece suponerle ningún esfuerzo. Recuerda perfectamente cómo su mujer, Sakubai, me crió a la vez que a su hijo Balu, que tiene mi misma edad.

El jeep va avanzando penosamente por la carretera, y con cada bache voy colocando una nueva imagen de mi historia en mi interior. Entre explicación y explicación, Hari me observa desde el fondo de su mirada oscura.

Le pregunto cómo era mi padre, qué sabe de él. Me parece que lo sabe todo, porque no sabe por dónde empezar. Me cuenta que tenía tierra propia; no era rico, pero disponía de lo suficiente para alimentar a toda la familia. Tenía algunas vacas y búfalos y también un caballo que usaba para desplazarse. Tanto a él como a mi abuelo, Kasinath Ghoderao, les gustaban mucho los caballos. Ghoderao significa «jinete».

Con su primera mujer, Shevbai, Radhu tuvo cinco hijos. Hari no lo dice así, sino que, como todo el mundo por aquí, cuenta a los hijos y a las hijas por separado. Así es que Radhu tuvo un hijo y cuatro hijas. Los hijos siempre se cuentan los primeros, aunque sean los últimos. El chico era Janardan. Las chicas, Kamla, Vimal, Sakubai y Yamuna. Janardan era el tercero; Sakubai, la cuarta. La tierra la había heredado de la familia y la trabajaba junto con su hijo. Pero Janardan se convirtió en un alcohólico, no trabajaba lo necesario, y Radhu no podía hacerlo todo solo... Janardan se fue vendiendo parcelas de tierra y acabaron perdiéndola toda. Según Hari, mi padre murió en Shaha, en la misma casa que mi madre. A ella, a Sitabai, también la recordaba bien. Tenía la piel más blanca que yo y era unos treinta años más joven que mi padre. Se habían casado cuando ella tenía unos veinte años. Al igual que me había dicho Francis, también me cuenta que tuvieron dos hijos y tres hijas. Matura era la mayor. Los dos chicos se llamaban Dingar y Ananda y murieron de pequeños. Después llegamos Asha y yo.

Llegamos a Kolpewadi. En el río, debajo del puente, sigue habiendo muchas mujeres lavando ropa, muchas bicicletas y pequeños talleres de sastres que trabajan con sus máquinas de coser de color negro mientras observan el ir y venir de la entrada del pueblo. Reconozco perfectamente cada detalle hasta que llegamos a la calle donde viven los Meherkhamb. Hoy no llueve y todo parece distinto. Con el sol, la calle sin asfaltar parece otra. Hay poco movimiento; es un día normal, nadie nos espera.

De repente los gritos de «*Maushi! Maushi!*» rompen el silencio. Savita, mi sobrina, es la primera en verme y corre a abrazarme alborozada, vestida con un sari amarillo que me parece elegantísimo, a pesar de que estaba haciendo las tareas de la casa, porque tiene las manos mojadas. *Maushi* significa «tía».

Me presenta a Sheetal, mi sobrina mayor, que precisamente llegó ayer para pasar dos días con sus hijas. Rahul también anda por allí, porque hoy no ha ido a la escuela. Pero los demás no están. Asha está en el campo; Bikhaji debe de estar en la fábrica. Bausaheb aún está en la escuela. Nos sentamos en las sillas de plástico rojo del porche a esperar. Han ido a avisarlos a todos. Las vecinas empiezan a aparecer, atraídas por la curiosidad. Nos reconocen enseguida y les hace mucha gracia volver a vernos. Y a nosotros verlas a ellas. Kalgaon-Thadi no es un barrio donde suelan recibir este tipo de visitas. Una de las vecinas toma la iniciativa y aviva el fuego que hay a un lado del porche para poder calentar el té con leche mientras esperamos.

Finalmente llegan Asha y Bikhaji en una moto. Asha sentada de lado, con un sari lila. Nos abrazamos delante de su casa. No entiende qué hago allí, pero le da lo mismo. ¡Pensaba que tardaría mucho en volver a verme! Está contentísima. La miro bien, de arriba abajo. Mi hermana. Cuesta imaginar que con este precioso sari que lleva estuviera trabajando en el campo. Aún me sorprende el contraste entre la elegancia de las mujeres indias y su forma de vida.

Después de tomar el té y de calmarnos un poco, de conocer a la suegra de Asha y de hablar un buen rato con mis sobrinos con la ayuda indispensable de Francis, Asha y su marido suben al jeep con nosotros y con Hari. Y reanudamos la ruta todos juntos hacia Shirdi, para ir a ver a Sakubai. A Asha y Bikhaji les ha parecido muy buena idea ir a visitarla.

Al entrar en la ciudad dejamos el templo de Sai Baba a la izquierda y enfilamos una pequeña carretera en dirección a las afueras, hasta un lugar llamado Nandurkhi. Hari nos in-

dica una casa y nos detenemos delante. La casa es de
ladrillo visto, pequeña, parecida a la de Asha, con el tejado
de uralita y el suelo de cemento. Sakubai y su hija Suman
salen a recibirnos, más bien a ver qué pasa y con quién
viene Hari. Apenas dicen nada; se nota que estamos lejos
de la cultura mediterránea. Aquí, todo el mundo parece in-
teriorizar las emociones. ¡Pero con las expresiones de sus
ojos y de sus caras dicen tanto! Sakubai sabe enseguida
quién soy. Y lo primero que le pide a Francis que me
traduzca es que esta visita es un gran regalo. Me lo dice
asiéndome fuertemente los brazos con los suyos. Se había
sentido muy triste al saber que había ido a casa de los
Meherkhamb en Kolpewadi y no había podido verme.
Sakubai es una mujer de edad indefinida, seguramente
mucho más joven de lo que parece. Lleva un sari blanco y
rosa palo, con una blusa lila debajo, gafas y muchas
pulseras de cristal en cada muñeca. Su forma de mirarme es
muy especial. Es imposible que me reconozca; la última vez
que me vio yo tenía meses. Pero intuyo que en mi cara des-
cubre rastros de la cara de Sitabai y de Radhu, de las caras
de mis padres. Y eso es lo que mira, eso es lo que busca en
mi expresión: los busca a ellos.

Las dos Ashas y Sakubai nos sentamos en la única cama
que hay en la única sala de la casa. Como en casa de Asha,
no veo más que una cama arrinconada al lado de una ventana con rejas y sin cristales, dos sillas de plástico blanco y
un perchero con unos pantalones, dos camisas y un sari de
color azul turquesa. Debajo de la cama hay unas guirnaldas
de flores naranja, y al lado, un montón de hierba seca. Hari
se sienta en el suelo, junto a una decena de personas que ha
entrado en casa. Son hijos e hijas de Hari y Sakubai, todos
muy silenciosos y respetuosos. Sakubai me coge las manos,
me toca la cara, me mira. Llora y se seca las lágrimas con
su sari por debajo de las gafas. «Cuando una mujer ha
dado el pecho a una criatura que no es la suya, lo recuerda siempre». Ésta es una de las primeras frases que
me dice.

Le hago mil preguntas, y ella va contestando sin pensar ni
un segundo las respuestas. Lo tiene todo muy fresco, como si
hubiese ocurrido ayer. Mi madre, Sitabai, era su madrastra,
la segunda esposa de su padre, Radhu. Que también era el
mío. Normalmente, los hijos de un hombre han de mostrar
respeto por su nueva esposa si vuelve a casarse, tanto en la
forma de dirigirse a ella como en los gestos. Sitabai les había
pedido a ella y a sus otras hermanas que la trataran sin for-
malismos. Sitabai era unos años más joven que Sakubai. Y se
hicieron muy amigas, tan amigas que acabaron olvidándose

de la relación de familia que tenían. Compartieron muchas cosas, muchas inquietudes, los partos de sus hijos. Vivían a unos cuatro kilómetros de distancia, la que separa Shaha de Ujani. Sakubai ya había tenido a Balu cuando la salud de Sitabai empezó a empeorar. Yo había nacido hacía unos tres meses.

El baile de cifras y años es constante. Cuando se trata de calcular fechas participamos todos los que estamos en la casa. Me parece que, excepto Anna, ninguna de las personas presentes en esta casa sabe exactamente en qué día y en qué año nació.

Llevaron a Sitabai al médico de Kolpewadi, pero la devolvieron a casa. Mi madre ya estaba muy enferma y no se podía hacer nada por ella. Sus problemas de asma se habían complicado, tenía graves dificultades para respirar, se asfixiaba. Nunca sabré exactamente qué tenía ni de qué murió.

«Sitabai murió tendida en la cama de la casa de Shaha, con la cabeza apoyada en mi falda —me dice Sakubai—. La acaricié hasta el final.» Todos estamos llorando. Sakubai me da la mano y me la aprieta. Treinta y cinco años después, llora por la muerte de su amiga, por la muerte de mi madre, con un sentimiento que me sobrecoge. Ahora soy yo la que le seco las lágrimas con su sari; ella se quita las gafas y me deja hacer. Entre sollozos, Sakubai me explica que una de las últimas veces que había ido a visitar a mi madre y habían mantenido una conversación larga, Sitabai le dijo que sabía que iba a morir pronto. Y le pidió que sobre todo se ocupara de mí, que no me dejara morir. «Yo le prometí que te cuidaría, que sobrevivirías».

Mi madre fue incinerada en una pira en mitad de un campo de Shaha, y sus cenizas fueron esparcidas allí mismo. Asha le comenta que ya fuimos allí juntas hace unos días y que me enseñó el lugar y el pueblo.

El mismo día de la muerte de Sitabai, Hari y Sakubai me llevaron con ellos a su casa, en Ujani. Radhu no sabía qué hacer conmigo, una criatura de meses que sólo podía ser amamantada. Asha se quedó allí, con los otros hermanos mayores. Y a mí me llevaron andando. Sakubai recuerda haber recorrido los cuatro kilómetros hasta Ujani llevándome en brazos y dándome de mamar a la vez. Hari cargaba con el pequeño Balu; tenía unos dos meses. Sakubai siempre había tenido claro que cuando Sitabai muriera debería ocuparse de sus hijas pequeñas. Eso era lo que su amiga le había pedido que hiciera. A Asha fueron a buscarla al día siguiente, pero iba y venía de un sitio a otro. A mí me criaron en aquella casa durante unos tres meses. Ya lo habían acordado con Radhu: la pequeña Usha se quedaría allí hasta que se asegurasen de que sobrevivía, o quizá para siempre. Hari y Sakubai eran mucho más jóvenes que Radhu y tenían más energía para sacar adelante a los niños.

Aquellos meses que estuve en su casa como si fuese su hija, Sakubai se hizo a la idea de que había tenido gemelos, y nos criaba a ambos, a Balu y a mí, por igual. A Hari le parecía muy bien y procuraba que su mujer comiera todo lo posible para estar fuerte y tener suficiente leche para los dos pequeños. «Y no la hacía trabajar. Quería que pudiera criaros bien y que ella no se fatigara más de la cuenta», explica Hari.

Hasta que, un día, el padre de Hari, Kasinath Jagtap, les prohibió que siguieran criándome también a mí. Decía que Balu, que no sólo era su verdadero hijo sino que además era un varón, tenía prioridad. Que Sakubai no tendría bastante leche para los dos y que estaba arriesgando la vida del bebé que realmente importaba. Tanto Hari como Sakubai intentaron convencerle de lo contrario. Pero no pudieron. Hari me cuenta, mirándome a la cara, en un maratí que no entiendo pero que Francis me va traduciendo, que su padre era muy enérgico, muy autoritario, y le imponía mucho. Y no pudo plantarle cara. Si no hubiese sido por él, me habrían adoptado, se habrían convertido en mis padres para siempre.

Permanezco inmóvil escuchando el relato. Hari llora desconsoladamente, sentado en el suelo, a los pies de la cama donde estamos sentadas las tres hermanas. Yo soy aquella niña que hubiese podido ser su hija. De alguna manera, fui su hija durante unos meses. Cuando deja de llorar, declara con firmeza que ahora piensa que gracias a su padre yo he podido tener una vida mejor. Entonces, la idea de tener que dejarme los afligió mucho. Pero ahora está contento. «Si no hubiese sido por mi padre, ahora vivirías así, como nosotros. Tú seguro que vives mucho mejor, y ahora estoy contento». Ésta es su opinión. E impresiona mucho que un hombre que vive tan al margen del mundo, tan desconectado de todo, analfabeto, sin acceso a las noticias, sin prensa, sin televisión, pueda tener tan claro que la vida que he vivido ha sido mejor que la que él me habría podido ofrecer. Me impresiona y me hace llorar. Ahora lloro casi por todo. La escena es muy fuerte; vivir lo que estoy viviendo, sentir lo que estoy sintiendo es tan gratificante como difícil de digerir y de encajar. Estoy con los que hubieran podido ser mis padres. Estoy más cerca que nunca de mi madre. Sitabai y Sakubai se parecían, tenían prácticamente la misma edad, eran amigas. Quiero recordar para siempre el calor y el tacto de la mano de Sakubai. Ella me la tiene agarrada, y me siento como si viviera entre el pasado que me cuentan y el presente. Me siento más allá del tiempo. Cogida de la mano de mi primera madre adoptiva, mi hermana, me siento en paz.

Siguiendo las órdenes del padre de Hari, empezaron a pensar qué hacer con Usha, qué hacer conmigo. Radhu y Hari habían oído hablar del catequista de Pathri. Fueron a verlo ellos dos solos. Radhu le pidió ayuda para sus dos hijas pequeñas, Asha y Usha; quería entregarlas al cura y a las monjas que sabía que acudían allí todos los lunes, para que se ocupasen de ellas hasta que fueran mayores. Nadie podía hacerse cargo de las niñas, sólo Hari y Sakubai, pero se lo impedían. El catequista, el padre de Francis, los escuchó. Al cabo de unos días fue a Shaha a ver a las niñas, a Asha y a mí. Y entonces decidió que proponer a las monjas que se ocuparan de dos niñas era demasiado. La mayor, Asha, ya podía caminar y comer por sí misma lo que fuera. La pequeña, Usha, tenía meses y todavía era muy frágil. Había que amamantarla y darle muchos cuidados, o moriría. Les hablaría sólo de Usha, de mí.

Todos escuchamos el relato con atención y es como si el

aire quedara suspendido. Ni Francis ni mi hermana conocían este detalle y están muy desconcertados. Ella rompe la tensión diciendo que la decisión del padre de Francis fue la correcta, ¡si no, no hubiese podido vivir con Bikhaji! Todos nos echamos a reír. Bikhaji ha estado todo el rato sentado en el suelo, en un rincón, siguiendo el relato.

El lunes siguiente, Radhu y Hari regresaron a Pathri, pero esta vez conmigo en brazos. Conocieron a Martín de los Ríos y a Nirmala. Sí, estaban dispuestos a quedarse conmigo, pero no era todo tan rápido: necesitaban contar con el acuerdo de sus superiores. Cuando llegó el permiso, Sakubai y mi padre tomaron el autobús para ir a Nasik. Para Sakubai era la primera vez que iba a la ciudad. Sakubai me llevó en brazos durante todo el viaje, y mi padre llevó a Balu. Sakubai iba dándonos de mamar a uno y a otro. El trayecto duraba unas cuatro horas. Entraron por la puerta de hierro del convento de Dev-Mata, la misma que hay ahora. Y cruzaron el jardín hasta la casa. Sakubai recuerda muy bien la conversación que mantuvo Radhu con Nirmala. Radhu pretendía dejarme sólo por una temporada, hasta que ya no fuera tan frágil, hasta que caminara y pudiera comer arroz y cereales. Pero Nirmala le dijo que aquello era imposible. Si dejaban a la niña allí, sería para siempre. Pasaron ambos la noche en el convento, ya era tarde. A la mañana siguiente, Radhu firmó unos papeles. Firmar es un decir, porque no sabía escribir. Y llegaron a un acuerdo con Nirmala: las monjas volverían a llevarle alguna vez a la pequeña Usha al pueblo y lo mantendrían informado sobre su hija.

Sakubai me entregó a Nirmala. Fue ella físicamente la que me pasó de unos brazos a otros. Después, Radhu, ella y el pequeño Balu volvieron a tomar el autobús hacia el pueblo.

«¿Qué otra cosa podíamos hacer que dejarte allí? Éramos pobres, éramos gente del campo, yo tenía un suegro que no me dejaba criarte, nadie más podía ocuparse de ti... Tu madre me había pedido que sobre todo sobrevivieras. Llevarte a aquel convento de Nasik fue la única solución que encontramos para salvarte».

Mientras escucho a Sakubai pienso en Nirmala y me la imagino diciendo que las cosas fueron de otra manera. Sé que es imposible tener las piezas exactas de la historia, pero las que estoy descubriendo encajan. Pienso que este episodio de la vida de Sakubai ha sido uno de los más intensos que ella ha vivido, y cuesta creer que pueda equivocarse mucho al contarlo. Lo que más me tranquiliza es saber que Asha, mi hermana, no asistió a mi entrega a las monjas como me había comentado Margaret en Mumbai. Es una escena demasiado terrible, y la borro enseguida. Me gusta saber que eso nunca pasó.

Nos cuesta dios y ayuda despedirnos. Sakubai es como una fuente de recuerdos y no deja de hablarme de mi madre. Ya me ha dicho una y otra vez que era una mujer muy buena, tolerante, afable, abierta; la mejor amiga que ella recuerda haber tenido nunca. Siempre iba vestida con sari y cualquier color le sentaba bien. No comía carne y la única práctica religiosa que mantenía era el *ekadashi*; algunos hindúes siguen este ritual del ayuno el undécimo día después de la luna llena y el undécimo día después de la luna nueva; un día y medio de ayuno, a base de agua y té, para purificarse ante los dioses.

Sakubai y yo salimos de la casa y abrazadas nos vamos hasta el coche. Camino a su lado disfrutando por unos últimos minutos de su compañía. Estar con ella es lo más cerca que he estado nunca de mi madre.

Durante la conversación he preguntado por Balu, mi «hermano de leche», y resulta que es el hijo al que mejor le ha ido la vida. Sakubai y Hari tuvieron seis hijos (cuatro hijos y dos hijas, según el recuento que hacen ellos). Balu es el segundo. Vive en Sinnar y tiene un pequeño restaurante, una cantina enfrente de una fábrica donde sirven comidas a unas cincuenta personas al día. Ha podido comprar un pequeño pedazo de tierra delante de la fábrica y construir allí su casa. Se gana muy bien la vida. Trabaja con su mujer y aún no tienen hijos. Y como nos cae de paso, vamos a verle.

Balu es un personaje curioso de mi historia. Él se sorprende con esta visita. Hari, su padre, ha venido con nosotros y se quedará a dormir allí. Para intentar poner orden a las fechas le pregunto qué día nació. Me dice que en sus documentos figura el 3 de julio de 1968, pero que la fecha se la inventó un funcionario de la escuela cuando fueron a matricularlo por primera vez. O sea que nos quedamos como estábamos, con el mismo baile de fechas, meses y años que oscilan arriba y abajo según quién explique la historia.

Tomamos un té y unos *pakora*s en la cantina de Balu y su

mujer. Sentada en el porche, mirando la negra humareda que sale de la gran chimenea de la fábrica que hay justo en el campo de enfrente, pienso que realmente yo he llegado mucho más lejos que él. Pero que Balu es feliz y, a ojos de toda su familia, ha triunfado.

19

LA HISTORIA
DE MI HERMANA ASHA

En Nasik hace un día radiante, ni rastro de lluvia. El jardín del convento de Dev-Mata está precioso. Asha y yo por fin hemos encontrado el lugar idóneo para pasar largo rato hablando, contándonos nuestras vidas. Merlyn nos sirve de intérprete. Es una conversación tranquila entre mujeres, después de tantas emociones. Sintiéndome como en casa, y con la total complicidad de Merlyn y de las demás monjas, he invitado a Asha a pasar unos días conmigo, alojada en el convento. Y ahora estamos sentadas en los bancos de piedra del jardín, entre las flores mientras algunas de las adolescentes internas repasan las lecciones para un examen sentadas bajo unos árboles más allá.

«¡Usha! —me dice—. ¡No puedes imaginar lo que significa tenerte a mi lado! Durante muchos años te tuve olvidada. Pero desde que apareciste no dejo de pensar en ti, recuerdo cada minuto que pasamos juntas cuando viniste a verme el otro día por primera vez, después de tantos años sin saber nada de ti. Ahora estamos aquí sentadas, en este banco de piedra del jardín del convento donde tú viviste de pequeña, donde también hubiese podido venir a vivir yo, y todo me parece un sueño. No sabes cómo te agradezco que me dediques tiempo. Ya imagino que allí donde vives estás muy ocupada. Poder estar unos días aquí, contigo, es fantástico. ¡Como unas vacaciones! ¡Hacía tiempo que no dormía tantas horas seguidas como esta noche pasada aquí, en el convento, en una habitación para mí sola y con una cama con mosquitera!...

»Desde que me casé he salido muy pocas veces del pueblo, nunca he ido muy lejos de Kolpewadi. ¡Y hasta ayer por la tarde no había paseado nunca por los *ghat*s del centro de Nasik! ¿Qué pintaba yo allí? ¿Quién iba a llevarme? ¡Es divertido pensar que has tenido que llevarme tú por primera vez, siendo yo la que vive aquí cerca!».

Cuando está cómoda, a mi hermana no le cuesta nada hablar. Tengo muchas preguntas que hacerle. Sé que todo lo que me cuente podría haber sido mi historia. Ella es la otra cara de la luna, la otra cara de mi vida. Merlyn tendrá que aplicarse a traducirlo todo, porque Asha habla deprisa.

«¡Había deseado tanto volver a verte! Ya te he dicho que hacía muchos años que no pensaba en ti. Mi familia, las tareas diarias, te habían alejado de mis pensamientos. Durante un tiempo pensé que estabas en Goa. Sabía que muchas monjas del convento de Nasik eran de Goa. Y Goa era el lugar más lejano que podía imaginar. Una vez, ya de mayor, le di una fotografía mía a un conocido que era transportista e iba a Goa con su camión por si encontraba a alguna mujer que se me pareciera y le podía preguntar si era mi hermana, o por si encontraba a alguien que pudiera reconocerte mirando mi fotografía. Fue la única cosa que se me ocurrió. El transportista regresó sin novedades.

»Esa ciudad de donde dices que vienes, Barcelona, no sé dónde está. Me has dicho que está mucho más lejos que Goa, que hacen falta muchas horas de viaje en avión. Pero me cuesta imaginarlo. Ahora, cada vez que vea un avión, pensaré en ti».

Asha mira la puerta de hierro de la entrada del convento. Y supongo que ella imagina la misma escena que imagino yo: Sakubai y nuestro padre entrando por esta misma puerta con el pequeño Balu y conmigo en brazos...

«Yo era muy pequeña cuando nuestro padre te llevó a las monjas para que se hicieran cargo de ti, y no lo recuerdo. ¡Es extraño estar aquí, en el lugar adonde te trajo! Pero sí recuerdo bien el día en que volvieron a traerte al pueblo, a

Shaha. Yo ya tenía unos siete años. Estaba en el campo segando hierba con Baba Radhu, nuestro padre. Yo le llamaba Baba o Baba Radhu. Alguien vino a buscarnos corriendo y gritando que tú estabas allí de nuevo. Debías de tener unos tres años. No sé cuántos años de diferencia hay entre tú y yo. ¿Dos? ¿Tres? ¿Cuatro? No sé cuántos años tengo. No tengo ningún papel que lo diga. Al principio llorabas y gritabas: «*Sister, sister!*», porque querías volver con las monjas. Luego te calmaste. Toda la familia te vino a ver. Baba Radhu también lloraba... Yo no entendía muy bien qué pasaba. Ahora sé que aquel día fue el de nuestra despedida. Al cabo de pocos días te llevarían a Mumbai. Fuimos al lugar donde incineraron a nuestra madre y todos rezamos. También nos sentamos bajo un árbol y cantaste una canción. Alguien nos hizo unas fotografías, quizá era una de las monjas: Baba Radhu y sus dos hijas pequeñas, tú y yo, una a cada lado. Nunca llegué a ver esas fotografías. Tal vez pasamos juntos unas dos o tres horas. Luego te volvieron a llevar con su jeep».

Le pregunto cómo fue su infancia, en tanto que yo tengo muy presente la mía en Barcelona, los fines de semana y todas las fiestas pasadas en Vilanova de Prades, el pueblo de mi padre, donde aprendí a patinar sobre ruedas, donde tuve mis primeras muñecas, compartidas con Fátima...

«No tengo buenos recuerdos de mi infancia. Baba Radhu y yo vivíamos con la familia de Janardan, el único hijo que le quedaba a padre. De su primer matrimonio sólo había tenido un hijo y cuatro hijas. De su segundo matrimonio con nuestra madre había tenido dos hijos, Dingar y Anandar, pero murieron de pequeños, y tres hijas: Matura, tú y yo. Baba Radhu ya era mayor, estaba siempre triste y tenía que trabajar la tierra. Si yo no pedía comida, no me la daban. Yo era una molestia para nuestro hermanastro y su familia. Janardan bebía mucho, era muy violento, sus seis hijos le tenían mucho miedo. Pero a mí no me hacía ni caso. Y Baba Radhu me protegía. Yo no quería hacer prácticamente nada sin él».

«Pero ¿no tienes ningún buen recuerdo de cuando eras pequeña?», le pregunto.

«Uno de los pocos recuerdos buenos que guardo es de cuando jugaba con la hierba tierna que crecía después de las lluvias y con el barro con las otras niñas del pueblo. Hacíamos figuritas de barro, platos y jarros y los dejábamos secar al sol. Si no nos llamaban para ayudar en algún quehacer o para comer, pasábamos horas jugando con el barro. Me gustaba mucho el calor de la tierra mojada. También recuerdo las fiestas del *Diwali*. Y las de Navidad, porque los jesuitas y las monjas que venían a los pueblos a traer medicinas nos hablaban de sus fiestas. Siempre me han impresionado aquellos curas y aquellas monjas que venían hasta nuestro pueblo y que, sin conocernos apenas, nos curaban y nos ayudaban tanto. ¡Tenían una forma tan amable de tratar a la gente más pobre, como nosotros!... En nuestro pueblo nadie era cristiano, pero agradecíamos que nos vinieran a ayudar. Yo nunca he sido bautizada, pero desde pequeña he sentido el deseo de rezar al dios de aquella gente tan buena».

Asha continúa contándome su historia. Merlyn traduce del maratí a un castellano excelente, que dice que practica poco pero que habla muy bien, y yo escucho y pregunto, pregunto y escucho sin parar.

«A veces, Baba Radhu me llevaba a casa de nuestra hermana mayor, Matura. Pero ella tenía que trabajar mucho, siempre cargada con haces de leña en la cabeza arriba y abajo, yendo a buscar agua... Yo era muy pequeña cuando se casó, y se fue a vivir muy lejos, cerca de Mumbai. Nunca la sentí como una hermana mayor ni como una madre; estuvimos muy poco tiempo juntas. De ella conservo los agujeros que me hizo en las orejas y la nariz para ponerme los pendientes poco antes de que se marchara. Murió lejos, ya hace muchos, muchos años. En otras ocasiones también pasaba unos días en casa de los tíos, los hermanos de nuestra madre, Pandit y Murlinder Sansare. En su casa estaba a gusto y sus esposas también me querían mucho. Nuestra hermanastra, Sakubai, y su marido Hari también me querían mucho, y viví en su casa muchos meses, durante algunas cosechas. De niña recuerdo haber ido de un sitio a otro, hasta el punto de que no podía prever dónde acabaría durmiendo, cuántos días estaría en una casa o en la otra».

«¿Y al colegio? ¿Fuiste?», le pregunto intuyendo ya su respuesta.

«No, no llegué a ir nunca. Éramos pobres y en aquella época la escuela era de pago. Y yo, si no trabajaba ayudando en lo que fuera, no comía. Sólo sé escribir mi nombre en maratí, mi hija Savita me enseñó. Bikhaji, mi marido, también ha aprendido a escribir su nombre, los niños le han enseñado. Pero tampoco sabe nada más. Mis tíos querían llevarme a la escuela, pero recuerdo que yo no quise, porque significaba marcharme del pueblo, ir a vivir con ellos y dejar a mi padre. Él era lo único que yo sentía que tenía de veras».

«Baba Radhu tenía unas dos hectáreas de terreno que había heredado de su familia. Era la tierra que tenía que darnos de comer. Tenía un caballo para desplazarse de un pueblo a otro y tres vacas. La tierra da mucho trabajo, y no puedes descuidarla. Yo ayudaba en todo lo que podía. Como Janardan bebía mucho, no trabajaba lo bastante. Y Baba Radhu no podía hacerlo todo solo. Eran tiempos de sequía. Janardan fue vendiendo algunos trozos de tierra y poco a poco nos fuimos quedando sin nada.

»Baba Radhu era un hombre de paz. Conmigo no se enfadó nunca. Se ocupó mucho de mí, casi como lo haría una madre. Es el único hombre al que he visto ocuparse de una niña. Aquí no es nada habitual. Los hombres no saben cómo se cuida a los niños; nuestro padre sí que supo. Tú te pareces mucho a él, tienes el mismo color de piel, los mismos ojos. Está claro que eres su hija. Igual que mi hijo Rahul también se parece mucho a su abuelo y a ti. De nuestra madre no recuerdo nada. Sólo sé lo que me han contado de ella.

»Baba Radhu empezó a tener problemas en los pies y en las piernas, se le hinchaban mucho y no podía caminar. Lo acompañé a ver al médico, no sabían cómo curarlo. Un día murió y me quedé sola. Sola, muy sola. Ya has visto cómo es Shaha. Baba Radhu fue incinerado en medio de un campo. En el mismo sitio donde había sido incinerada nuestra madre. Las cenizas de ambos están esparcidas en la misma tierra».

Tengo mucha curiosidad por saber cómo conoció a su marido, cómo vivió sus primeros años de casada. Le hago preguntas y se echa a reír entre las frases traducidas por Merlyn, que también se está divirtiendo mucho con nuestra conversación. A Asha le da vergüenza hablar de ciertos temas, pero poco a poco me va diciendo todo lo que quiero saber.

«Aún era una niña cuando mis tíos, Pandit y Murlinder, empezaron a buscarme marido y a considerar las proposiciones que les llegaban. Como era muy pobre no tuvieron que ofrecer ninguna dote. El hombre que me encontraron se llamaba Bikhaji Meherkhamb; era de Kolpewadi, un pueblo grande que yo no conocía pero que sabía que no quedaba muy lejos, y también era muy pobre. Él tampoco sabía ni leer ni escribir, ninguno de los dos había ido nunca al colegio. La pareja estaba equilibrada y a todos les parecía lo mejor. Nos vimos por primera vez la víspera de nuestra boda. La presentación se hizo en Shaha, en casa de Janardan. Recuerdo perfectamente la cara de sorpresa de Bikhaji cuando me vio. ¡Se me veía tan niña a su lado! Todavía era una cría, y no pudo disimular su rechazo. Él es unos ocho, nueve o diez años mayor que yo. Ni él ni yo sabemos cuándo nacimos exactamente. No tenemos ningún documento oficial; supongo que figuramos en algún registro, pero no estoy segura. En aquellos tiempos, la diferencia de edad entre Bikhaji y yo se notaba mucho, a él se le veía mucho mayor.

»Me casé con un sari de color rosa que costó cien rupias. ¡Entonces era un dineral! Mis tíos se ocuparon de mi vestido y de mi collar de novia, que entonces aún no era de oro. Unos años después pude cambiarlo por uno de verdad. La ceremonia fue como todas las ceremonias hindúes: con muchas flores, con arroz, comida y música. Fuimos a vivir a su pueblo, a Kolpewadi, a casa de su madre. Mi suegra fue lo peor de mi matrimonio. Era muy dura conmigo, y me pegaba por cualquier cosa. Sufrí mucho. Bikhaji siempre ha sido muy bueno conmigo, siempre me ha tratado con muchísimo respeto, como a una hermana. Él no podía hacer nada cuando su madre me maltrataba, porque ella mandaba, ¡y estábamos en su casa! Ahora mi suegra ya es mayor y todo lo que pasó ya ha quedado muy lejos».

De pronto Asha se pone seria y sigue contádonos su historia, después de decirnos que nadie le había preguntado nunca tantas cosas como hoy. Y que le parece raro hablar tanto de ella.

«Era imposible que me quedara embarazada, ¡si aún no menstruaba! —me dice mirándome fijamente a los ojos y con una media sonrisa—. Pero aun así mi suegra me amenazaba diciéndome que nunca tendría hijos, como si quisiera maldecirme. Tres años y medio después de habernos casado me quedé embarazada. ¡Calcula tú cuántos años debía de tener yo, me pierdo con eso de las edades! Bikhaji y yo estábamos muy contentos. Todos esperábamos que fuese un niño, nadie quiere tener niñas.

»Cuando una mujer da a luz por primera vez es su familia la que tiene que ocuparse de todo. Para el primer parto, la mujer debe ir a casa de su familia. Así que a mí me llevaron a casa de mi tío Murlinder, en Balhegaon-Nagda, el pueblo de los Sansare, el de nuestra madre. La mujer de Murlinder y la de Pandit prepararon una yacija con mantas en el suelo, en el interior de la casa. No me había visitado ningún médico; he ido a poquísimos médicos, no me gustan. Pero la comadrona no preveía ningún problema.

»Parí por primera vez como lo habían hecho casi todas las mujeres de nuestra familia: en el suelo y entre mujeres. Sin ningún tipo de anestesia y sin que tuvieran que coserme, como he oído decir que hacen en los hospitales. Bikhaji no estuvo en el parto. Ni en el primero ni en los tres siguientes. ¡Qué vergüenza que me viera de esa manera! Y nació Sheetal.

Nosotros, aunque fuera una niña, estábamos contentos. ¡Pero mi suegra no lo estuvo en absoluto! Enseguida volví a quedarme embarazada. El segundo parto también fue en casa del tío Murlinder, y nació Savita. ¡Entonces ni mi suegra ni Bikhaji se alegraron lo más mínimo! Pasaron unos años antes de que volviera a quedarme embarazada por tercera vez. ¡Por fin tuvimos un hijo! Bausaheb nació en el suelo de nuestra casa de Kolpewadi, la casa que conoces. Sí, todo el pueblo lo oyó. Estamos todos acostumbrados a oír los gritos de los partos, los ruidos que salen de las casas. No hay cristales en las ventanas, todos compartimos la vida de la otra gente. Es difícil hacer cualquier cosa sin que los demás se enteren. Rahul nació al cabo de unos dos años. También en el suelo de casa. No quise ir a la consulta de ningún médico. Teniendo dos hijas y dos hijos me siento feliz, e hice feliz a todo el mundo».

«Bikhaji trabaja en la fábrica de caña de azúcar de Kolpewadi trajinando sacos. Antes trabajaba en el campo. Ahora gana más, unas dos mil quinientas rupias al mes. Llevamos una vida muy modesta, pero no somos pobres. Siempre estaré agradecida a mis tíos Pandit y Murlinder por haber hecho que me casara con él. Es el mejor marido que me hubiesen podido encontrar. Nos casamos muy jóvenes, no nos conocíamos de nada. Pero ahora nos queremos mucho y no podríamos vivir el uno sin el otro».

Bhikaji ahora también me parece a mí el mejor marido para mi hermana. Es un hombre entrañable y siempre le agradeceré que me haya permitido pasar todas estas horas con Asha. Sé que si él se hubiese opuesto, seguramente nunca habría conseguido acercarme tanto a mi hermana como ahora. Los maridos en la India rural mandan. Aunque la relación entre marido y mujer sea buena, el marido siempre tiene la última palabra.

«Desde hace unos cinco años tenemos dos búfalas en casa. Ahora tenemos también sus tres terneros. Vendemos la leche que ordeñamos todos los días a la fábrica donde trabaja Bikhaji, y eso nos ayuda a ganar unas cuantas rupias más. Bikhaji aún ahora está muy sorprendido por tu inesperada visita. Yo le había explicado que había tenido una hermana pequeña que se llamaba Usha, ¡pero nunca hubiésemos podido imaginar que aparecerías unos treinta años después! Todo este ir y venir, estos días que he pasado aquí sola en Nasik contigo, son un trastorno para él. Pero sé que está contento porque yo estoy contenta».

«Nuestra hija Sheetal fue muy poco a la escuela de Kolpewadi. La casamos enseguida. Le buscamos un marido haciendo correr la voz entre parientes y conocidos. Encontrar un marido para una hija es una gran responsabilidad. El marido que le encontramos es joven, pero tiene estudios. Viven en el pueblo de su familia, no muy lejos de Pune. Ahora ya tienen dos hijas pequeñas, Kumali, de dos años y medio, y Khushya, de diez meses. Ya las has conocido; son preciosas y están muy sanas. Sheetal sí que fue al médico para sus partos, y las dos niñas nacieron por cesárea. No lo entiendo.

»Savita fue algo más al colegio, hasta los quince años. Ahora nos ayuda con las tareas de la casa, me ayuda con la leche de las búfalas que vendemos a la fábrica de Bikhaji, con la ropa, con la hierba que hay que ir segando... Le estamos buscando un buen marido. Nos gustaría casarla lo antes posible, dentro de unos meses. Ya hemos conocido a tres chicos que nos han hecho buenas proposiciones. Tenemos que decidirnos pronto por uno de ellos. A Savita le parecerá bien cualquiera que escojamos; sabe que le buscaremos el mejor marido dentro de nuestras posibilidades. Ella no tiene estudios ni gana dinero, así es que no tiene nada que decir. No podemos permitirnos que se quede soltera y tenemos que aprovechar el tiempo ahora que estamos recibiendo proposiciones».

¿Y los niños?

«Mis dos chicos no me preocupan, aunque mi futuro y el de Bikhaji depende totalmente de ellos. Son muy inteligentes y tienen muchas ganas de aprender, les encanta ir al colegio, y esperamos que salgan adelante, que encuentren un buen trabajo. Estos días, desde que has aparecido, aún quieren aprender más cosas; dicen que quieren ser como tú, que quieren irse a vivir donde tú vives, que quieren aprender tu lengua. Ya han buscado en un mapa tu ciudad y han calculado la distancia que hay hasta aquí.

»Mis cuatro hijos siempre me han tratado muy bien, me obedecen, no me hacen enfadar mucho, son buenos. Somos una familia feliz. Nuestros hijos sí tienen documentos por el solo hecho de haber ido al colegio. Ya soy abuela de dos niñas, pero mi hija no me necesita. Me gusta ver a mis nietas de vez en cuando. ¡Ahora tú ya eres tía abuela!».

A medida que Asha contesta a mis preguntas, voy teniendo una idea más clara de cuál habría podido ser mi vida hasta ahora. Es una sensación muy difícil de describir, que me invade y me paraliza en este banco de piedra del jardín del convento.

«Mi vida diaria es bastante monótona. Nos levantamos toda la familia a las cinco o las seis de la mañana y entre todos hacemos las tareas de primera hora del día: nos lavamos, vamos a buscar leña, desayunamos té con chapatis, abrevamos y damos de comer a las búfalas, yo preparo la comida que se llevan Bikhaji al trabajo y los dos niños al colegio... Nuestras comidas habituales consisten en chapati con verduras y fruta que compramos en el mercado del pueblo, dhal, arroz, nuestros cereales (sobre todo *bajri* y *jawri*), fruta... No comemos carne, somos vegetarianos. Ellos tres no regresan hasta la tarde. Savita y yo pasamos muchas horas en el campo ocupándonos de los cereales y la hierba que sembramos. Comemos siempre juntas y nunca echamos la siesta. Tenemos que ir a pie hasta el río para lavar la ropa, tenderla, ir a recogerla, volver a ir al pozo a por agua para nosotros y para las búfalas... En casa no tenemos agua corriente. Por suerte, el agua del pozo es gratuita y podemos sacar la que queramos. Ahora incluso podemos tener luz eléctrica enchufando el cable en casa de un vecino, pero estamos pensando en instalar pronto nuestro propio enchufe. Y también en tener más de una bombilla. Unos vecinos del barrio tienen televisor y a veces nos invitan a ver alguna película. Con la tele he aprendido muchas cosas, he visto cómo se puede vivir fuera de este pueblo. Ahora intentaré verla más a menudo y me fijaré más. ¡A lo mejor algún día sale la ciudad donde vives!».

Y ya no puedo evitar preguntarle qué sintió cuando supo que yo aún existía.

«No olvidaré nunca el día en que apareció Francis Waghmare en la puerta de casa con su moto, con aquella chaqueta tan grande de color azul oscuro y el casco plateado. Llovía. Parecía un malhechor, una especie de ladrón o de policía. Daba miedo. Bikhaji no estaba y me asusté mucho. Pensaba que aquel hombre nos quería robar, por más que él insistía en que si hubiese querido robarnos, no habría recorrido tantos kilómetros bajo la lluvia con su moto. Francis empezó a hablarme de la historia de mi familia con tanta precisión, repitiendo todos los nombres de las personas y de los pueblos, que me confundió aún más. Con un solo gesto mío, Bausaheb salió de casa corriendo a buscar a mi marido. Costaba creer lo que me estaba diciendo: que mi hermana pequeña, Usha, estaba en Nasik y que quería verme; que a la mañana siguiente vendría a Kolpewadi.

»Bikhaji llegó enseguida. Escuchó todo lo que contaba Francis, pero le parecía tan raro que no se lo podía creer. Me decía que era imposible que apareciera de repente aquella niña que se habían quedado las monjas de muy pequeñita.

Cuando Francis se hubo ido, estuvimos hablando largo y tendido. Nuestros hijos nos escuchaban, inquietos. A la mañana siguiente, Bikhaji decidió tomar el autobús e ir a Nasik a comprobar si era verdad, o nos estaban engañando por algún motivo. Con su primo y otro chico más joven fue hasta el convento donde viviste de pequeña y donde Francis nos había dicho que te alojabas. Y sí. Bikhaji te vio y comprobó que todo era cierto. Al salir del convento, ya oscurecido, y antes de volver a tomar el autobús para regresar a casa, me llamó desde un teléfono público a casa de los vecinos. Me vinieron a buscar corriendo y cuando hablé con él no podía creer lo que oía. ¡Existías! ¡Acababa de verte! Te describió muy bien. ¡Eres tal como te describió por teléfono!

»Bikhaji me dijo que ya podía ir adecentando la casa, que a la mañana siguiente vendríais tú y tus compañeros a casa. Y que comprara galletas y té y lo que hiciera falta, que si no tenía dinero que se lo pidiera a quienes nos lo debían por la leche. Así lo hice, y cuando tuve el dinero fui a comprar algunos pakoras, los ingredientes para hacer los buñuelos, las galletas y el té».

Mi vida ya no será la misma después de haber conocido a Asha. Y antes de que Merlyn acabe de traducir lo que quería seguir diciéndole, mi hermana me coge la mano una vez más, me mira y continúa hablando en una lengua que a veces simulo entender asintiendo con la cabeza.

«Nunca he tenido grandes sueños ni grandes ilusiones, no tengo grandes expectativas, pero ahora de repente todo ha cambiado. Haberte recuperado lo ha cambiado todo. En el pueblo siempre había tenido una vida anónima, y ahora todo el mundo habla de mí, de mi suerte, quieren saberlo todo de ti aunque yo les diga que yo tampoco sé gran cosa. Algunos parientes con hijos jóvenes quieren que les dé tu dirección y tu teléfono para escribirte y llamarte y pedirte que los ayudes a obtener un visado y un trabajo en España. Ya imagino que no puedes ayudarlos a todos, ¡pero no sé qué decirles!

»Ahora mi única gran ilusión es no volver a perderte. ¡Y que aprendas el maratí para poder entendernos bien! No quiero que vivas en India; donde estás seguro que estarás muy bien, mucho mejor que aquí. Nuestra vida es muy dura, muy sencilla. Quédate donde estás. Sólo te pido una cosa: que de vez en cuando llames a casa de mi cuñado, el hermano de Bikhaji, que vive unas casas más allá. Nos avisarán enseguida. ¡Tú habla en tu lengua y, aunque no te entienda, con el sonido de tu voz tendré bastante para sentirte cerca!».

20

LA TIERRA QUEDA ATRÁS

Nos vamos de regreso a Mumbai los cinco en el Toyota blanco, con Akaram al volante, bajo una lluvia monzónica impresionante y una luz gris que inspira calma. Estamos todos cansados; las emociones de estos días nos han dejado exhaustos. Hablamos poco. La carretera atraviesa un paisaje verde y cubierto de terrazas cultivadas. De vez en cuando pasa un tren lleno a rebosar de gente, tanta que parece que algunas personas vayan a caerse por las ventanas y las puertas, que están todas abiertas. ¡Cuánta gente hay en India! ¡Cuántos niños y niñas por todas partes!

Me voy alejando de la tierra que me vio nacer, de Asha, de Sakubai, de mis sobrinos, de todos los parientes que se han emocionado sabiendo que he vuelto, que me han encontrado. La lluvia repica sobre el capó del coche. Akaram se las compone para adelantar a todos los camiones, esquivar las bicicle-

tas, los *rickshaw*s y las motos, los perros y las cabras, y a algunas personas que caminan bajo un paraguas por la cuneta.

Encontrar a tu familia biológica no es un viaje cualquiera: es
un viaje hacia uno mismo, es una experiencia que cuesta
asimilar. Sé que, para mí, ya nada será como antes de haber
caminado de la mano de mi hermana por los campos donde
reposan mis padres o como antes de saber que mi madre no
es la mujer que hasta ahora había creído que era. Nada será
igual después de saber que mi padre no me abandonó a los
pocos días de nacer, sino que me entregó a las personas que
él pensaba que podrían asegurarme una vida mejor. En todo
caso ésa era la única solución que encontró cuando el suegro
de Sakubai se negó a que me siguiera dando el pecho. Nada
será igual después de haber consolado a Sakubai por la
muerte de mi madre, su amiga.

De todo lo que he descubierto estos días, hay algo que me
ha emocionado mucho: comprobar que Sitabai, mi madre,
no figure en ningún registro, en ningún documento, y sólo
viva en la memoria de las pocas personas que la conocieron y
que siguen vivas. Ha sido una suerte poder hablar con ellas,
oírlas hablar de mi madre.

A decir verdad, no me había preparado para afrontar la experiencia de encontrar a una hermana biológica, y menos aún para encontrar a la mujer que me permitió sobrevivir gracias a su leche cuando mi madre murió. No había buscado libros que hablasen sobre el tema, no había hablado con ninguna otra persona que hubiese vivido una experiencia similar. Me lancé a ella confiando en que me las arreglaría. Pero ahora pienso que no me hubiese venido mal prepararme un poco, porque el batiburrillo de ideas y sensaciones, contradicciones y emociones con las que ahora vuelvo a casa es impresionante.

Si al regresar de mi primer viaje a India me di de pronto cuenta de que existía todo un mundo de padres y madres en proceso de adopción a los que podía resultar útil oír mi historia para imaginar cómo podía ser lo que vivirían sus hijos, y me sentí obligada a escribirla, ahora vuelvo a casa pensando sobre todo en las personas adoptadas como yo, en todas aquellas personas nacidas en cualquier rincón del mundo que han sido educadas en otra cultura, en otro entorno. En todas aquellas personas que en un momento de su vida se preguntarán de dónde vienen y qué ocurrió para que acabaran viviendo con sus nuevos padres, lejos de donde nacieron. Es con ellos con quienes ahora tengo más ganas de hablar; es por ellos que ahora quiero contar esta historia de regreso al Godavari, para animarlos a buscar las piezas de su rompecabezas mucho antes que yo y mucho mejor preparados.

Si se tarda demasiado en desandar el camino del pasado de una adopción, es muy posible que ya no quede viva ninguna de las personas implicadas, que los relatos que unos y otros cuenten difieran demasiado, o que sencillamente ya no se encuentre nada, ningún tipo de información, que todas las pistas se hayan esfumado.

Todos aquellos que fueron adoptados de muy pequeños y que quizá hasta ahora piensan, o pensarán cuando sean mayores, que no vale la pena emprender el regreso al país de origen porque de todos modos no hallarían ninguna información, tendrían que hacer ese viaje. Vale la pena ir hasta la calle donde siempre os han contado que os encontraron en una caja de cartón o en un cesto, o ir hasta la puerta de la oficina de correos, o delante de aquella farmacia tan conocida, o sentarse en la escalera de aquel hospital donde os dijeron que os habían dejado, bien a la vista, para que os encontraran enseguida. Y una vez allí, deteneros a contemplar el paisaje, escuchar los ruidos que muy probablemente vosotros oiríais de muy chiquitos, observar la luz de aquel lugar en diferentes momentos del día e imaginar que un padre o una madre que os querían mucho pero no podían cuidaros por los motivos que fueran, que por desgracia suelen ser siempre los mismos, os dejaron allí pensando que os encontraría alguien que podría daros una vida mejor. Como muy probablemente así ha sido, no se equivocaron.

Incluso vale la pena ir hasta la puerta del orfanato donde uno vivió los primeros meses o años de su vida e intentar entrar y conversar con los responsables, averiguar si aún queda alguna cuidadora de aquellos años que os recuerde o que recuerde cómo eran las cosas cuando vosotros vivisteis allí.

La lluvia sigue cayendo cuando atravesamos los primeros barrios de Mumbai, que reconozco perfectamente. Y sin dejar de mirar por la ventana pienso que ahora me siento más india que nunca, pero curiosamente también más catalana que nunca. Es difícil de explicar y me cuesta encontrar las palabras. Supongo que es un sentimiento que sólo podré compartir con otras personas adoptadas que hayan hecho un viaje parecido al mío, que hayan encontrado a miembros importantes de su familia biológica, que hayan podido ver muy de cerca, aunque sea por unos momentos, cómo habría sido su vida si no hubieran sido adoptados, pero que estén a la vez orgullosos y felices de la vida que han vivido junto a sus padres adoptivos como lo estoy yo, y regresen a casa con este doble sentimiento de pertenencia a una cultura, a un país.

Al atardecer, la bahía que llega hasta el barrio de Colaba bordeando el mar está colapsada de coches, motos y taxis tocando el claxon. Los vendedores de guirnaldas de jazmín fresco cosido abundan, caminando por entre los vehículos parados con sus mercancías en la mano. Muchos conductores aprovechan para comprar algunas y renovar el olor del interior de sus coches o llevárselas a casa.

No han vuelto a pasar otros veinte años antes de regresar a India, como había deseado al acabar mi primer libro, y ahora sé que no pasarán muchos más antes de volverme a ver reflejada en las aguas del Godavari, igual de sagradas que las del Ganges.

Mumbai-Nasik-Barcelona,
junio-octubre de 2003

NOTA FINAL DEDICADA
A LOS PROTAGONISTAS
DE ESTA HISTORIA

Cualquier imprecisión que pueda detectarse en este relato es fruto del paso del tiempo, que ha ido borrando unas huellas difíciles de rastrear. He intentado reconstruirlas con todo lo que me han contado, a veces atendiendo más a unas fuentes que a otras, pero siempre con la mejor de las intenciones.

GLOSARIO*

baba   Forma de denominar al padre o a un hombre mayor al que se le demuestra respeto y estima.

chapati   Una especie de pan indio amasado con harina y agua, y cocido al fuego, que se toma en todas las comidas.

dhal   Plato típico de la cocina india que se puede comer en todo el país, a base de lentejas con especias. Se toma como si fuese una sopa. Las familias con pocos recursos se alimentan a base de *dhal* y *chapati*.

Diwali   Una de las principales fiestas de India, que se celebra durante cinco días entre los meses de octubre y

*La mayoría de las palabras recogidas aquí son de la lengua maratí.

noviembre, durante los cuales, entre otras cosas, se encienden muchas lámparas por las calles, en los templos y en el exterior de las casas.

gandhi topi   Sombrero de color blanco que llevan los hombres en India, sobre todo en los pueblos y zonas rurales. Antiguamente era distintivo de los seguidores de Gandhi y sobre todo de los opositores a la colonización británica. Continúa siendo un símbolo nacionalista, pero es de uso frecuente porque es mucho más práctico y cómodo que el *pheta* (turbante).

Ganesh   Dios hindú con cabeza de elefante. Es el dios más querido por los hindúes, el dios de la vida cotidiana.

ghat   Escaleras de piedra que bajan hasta los ríos sagrados de India para hacer en sus aguas las abluciones y oraciones pertinentes, y también para hacer la colada.

pakora   Aperitivos indios, ya sean buñuelos, *samosas* (pequeñas empanadas o croquetas), albóndigas de carne o verduras con arroz y otros platos fáciles de preparar y de consumo rápido.

pheta   Pequeño turbante hecho con una tira estrecha de tela, que antiguamente llevaban todos los hombres del campo. Suele ser de color blanco, pero también solía llevarse en tonos rojizos y amarillentos.

puja   Oraciones, ritual hindú que se practica varias veces al día.

rickshaw   Taxi con capacidad para dos o tres personas, que consiste en una moto con una pequeña cabina. En algunas ciudades, los *rickshaw*s también son bicicletas que arrastran un pequeño carro donde caben un par de personas (por más que a veces se puede ver a familias enteras, de las que tira un pobre conductor que pedalea con esfuerzo).

rupia   Moneda de India. En 2003, un euro equivalía a unas 50 rupias; mil rupias equivalen a unos veinte euros.

saddhu   Santón u hombre religioso hindú dedicado a la contemplación. La mayoría se caracterizan por ir prácticamente desnudos, con largas barbas blancas y collares. Viven de la limosna.

Sai Baba   Santo indio considerado como una divinidad por la gente más humilde de India. Su imagen (un hombre mayor con barba blanca) se encuentra por todas partes: en los coches, en las casas, en las oficinas...

salwar kameez   Vestido típico de los países del subcontinente indio (India, Pakistán y Bangladesh), que consiste en unos pantalones y una camisa larga hasta los pies. Los hombres suelen llevarlos de colores claros y lisos y de algodón; los de las mujeres suelen ser estampados y de tejidos más sofisticados.

sari   Atuendo típico del subcontinente indio, que consiste en seis o nueve metros de tela (dependiendo del estilo del sari), que se envuelve alrededor del cuerpo encima de una falda y de una blusa corta. Los hay de todos los colores y estampados y en cada zona se colocan de una manera distinta.

shiwar   Barriada de las afueras de un pueblo, a medio camino entre suburbio y barrio.

sijismo   Religión india. Los hombres sijs se caracterizan por ir tocados con un gran turbante que esconde la larga cabellera que no se cortan nunca.

taluka Nombre que recibe la división administrativa que agrupa unos doscientos pueblos de un distrito de los diferentes estados de India. Cada distrito está compuesto por unos quince talukas.

vasti Pequeña casa de obra donde viven los trabajadores del campo o de las fábricas en las zonas rurales. Normalmente son de propiedad y construidas por la propia familia con la ayuda de los vecinos.

AGRADECIMIENTOS

La primera parte de este libro no existiría sin la ayuda indispensable de Gemma Sardà. Ella tuvo la paciencia de escuchar mi relato durante horas y de ayudarme a estructurarlo y darle forma, a descifrar las notas de mi diario y las del diario de mi madre para poder redactarlas de nuevo. Gracias, Gemma, por toda tu dedicación.

Gracias a mi madre, por haber iniciado un diario para mí en una libreta de tapas rojas cuando todavía estaba en India y después, durante años, haber dejado constancia escrita del día a día para que me resultara más fácil entender mi vida, como así ha sido. Gracias también por permitirme añadir algunos fragmentos de aquel diario tan íntimo en las páginas de este libro.

Gracias a mi padre, por su amor incondicional; lo que me une a él es un vínculo profundo y sin límites. Aunque no aparezca mucho en las páginas del libro, su presencia y su apoyo han sido constantes desde el primer día.

Gracias a Fátima, mi hermana, por permitirme que explicara su historia, que va muy unida a la mía.

Agradezco a Anna Soler-Pont, mi amiga, agente literaria y hermana del alma, que me acompañara en este segundo regreso al Godavari y estuviera a mi lado en todo momento. Sin ella no sé si habría conseguido descubrir por fin todos los detalles de mis orígenes. ¡Su perseverancia no tiene límites! Le agradezco también toda su ayuda para escribir este libro.

Agradezco a Carme Jané y Arturo San Agustín que me dieran el impulso necesario para atreverme a hablar de mí misma.

Agradezco a Paco Escribano que me animara a escribir y que me presentara a Anik Lapointe, mi editora en catalán, que siempre ha confiado en este proyecto. Gracias también a Silvia Querini, la responsable de la edición en castellano, por su profesionalidad y afecto.

Gracias a Vicenç y Altaió, amigo y hermano, por su simpatía y su apoyo.

Siempre tendré mil palabras de agradecimiento para Francis Waghmare. Su imagen recorriendo los pueblos y aldeas de los alrededores de Nasik en Vespa bajo la lluvia monzónica buscando a mi familia biológica sólo por motivos sentimentales me acompañará siempre.

Gracias a Jordi Llompart, Mikele López y Grau Serra por estar también allí, apoyándome y grabando y viviendo a la vez los momentos más importantes de ese mágico viaje (¡con una buena provisión de Kleenex!). Gracias a Mikele y a Grau por dejarme algunas de sus fotos para ilustrar estas páginas, y por su simpatía infinita.

Gracias a Nirmala Dias, Merlyn Villoz y Margaret Fernándes por su ayuda y todo su cariño. Y a las hermanas del convento de Dev-Mata de Nasik: Josefa, Zoe, Meena, Elsy, Stella y Kanta.

Agradezco a toda mi familia biológica de los pueblos de Shaha, Kolpewadi y Ujani el haberme acogido con tanta emoción después de tantos años.

Gracias a Frederic Sopeña por su hospitalidad en Mumbai y por sus consejos.

Gracias a toda la gente que durante meses ha soportado mis inquietudes y angustias antes y después de este viaje. Especialmente agradezco la paciencia de Fátima, Ricard, Marina y Bernat.

Gracias a todas las personas adoptadas que se me han acercado para contarme su historia y me han ayudado a entender detalles de la mía. Y a los padres y madres, abuelos y abuelas, y a todas las familias y amigos que han vivido de cerca una adopción, gracias, también, por su complicidad.